"十四五"时期国家重点图书

中国社会科学院马克思主义研究院学者文库

国家出版基金项目
NATIONAL PUBLICATION FOUNDATION

走进现实
马克思主义基本原理大众化

1

辛向阳　主编

走进圣殿

马克思主义导引

侯为民　著

山东人民出版社·济南

国家一级出版社 全国百佳图书出版单位

图书在版编目（CIP）数据

走进圣殿：马克思主义导引 / 侯为民著. -- 济南：山东人民出版社，2023.12
（走进现实：马克思主义基本原理大众化 / 辛向阳主编）
ISBN 978-7-209-14009-6

Ⅰ.①走… Ⅱ.①侯… Ⅲ.①马克思主义哲学－研究 Ⅳ.①B0-0

中国版本图书馆CIP数据核字（2022）第207430号

走进圣殿：马克思主义导引
ZOUJIN SHENGDIAN　MAKESI ZHUYI DAOYIN

侯为民　著

主管单位　山东出版传媒股份有限公司
出版发行　山东人民出版社
出 版 人　胡长青
社　　址　济南市市中区舜耕路517号
邮　　编　250003
电　　话　总编室（0531）82098914
　　　　　市场部（0531）82098027
网　　址　http://www.sd-book.com.cn
印　　装　山东新华印务有限公司
经　　销　新华书店

规　　格　16开（169mm×239mm）
印　　张　14.75
字　　数　150千字
版　　次　2023年12月第1版
印　　次　2023年12月第1次
ISBN 978-7-209-14009-6
定　　价　59.00元
如有印装质量问题，请与出版社总编室联系调换。

总　序

党的十八大以来，习近平总书记数百次地强调坚持和发展马克思主义。2018年5月，在纪念马克思诞辰200周年大会上的讲话中，习近平总书记指出："马克思主义始终是我们党和国家的指导思想，是我们认识世界、把握规律、追求真理、改造世界的强大思想武器。"2021年7月，习近平总书记在庆祝中国共产党成立100周年大会上的讲话中强调，必须继续推进马克思主义中国化，坚持把马克思主义基本原理同中国具体实际相结合、同中华优秀传统文化相结合。2022年10月，习近平总书记在党的二十大报告中指出："只有把马克思主义基本原理同中国具体实际相结合、同中华优秀传统文化相结合，坚持运用辩证唯物主义和历史唯物主义，才能正确回答时代和实践提出的重大问题，才能始终保持马克思主义的蓬勃生机和旺盛活力。"我们要深入学习领会习近平总书记重要讲话精神，马克思主义不仅是我们党和国家的指导思想，也是我们认识世界、把握规律、追求真理、改造世界的强大思想武器。要充分发挥马克思主义的真理力量，就需要不断推进马克思主义中国化时代化，推进马克思主义理论大众化，从更深层次、更大范围内实现理论掌握群众和群众掌握理论，使人民群众学懂弄通并扎实践行习近平新时代中国特色社会主义思想，为实现中华民族伟大复兴提供行动指南。

马克思早在1843年《〈黑格尔法哲学批判〉导言》中就提出："理论一经掌握群众，也会变成物质力量。"列宁在1905年8月致阿·瓦·卢那察尔斯基的信中强调，为了通俗地叙述社会主义的任务，社会主义的实质和实现的条件，"写出一本有关这个题材的内容丰富又很通俗的读物是极端重要的"。他进一步于1917年5月《在彼得格勒党组织大会上关于俄国社会民主工党（布）第七次全国代表会议（四月代表会议）结果的报告》的提纲中提出："最马克思主义＝最通俗和朴实（转化）。"毛泽东同志在1942年5月的《在延安文艺座谈会上的讲话》中，提出了马克思主义"大众化"的要求，"就是我们的文艺工作者的思想感情和工农兵大众的思想感情打成一片。而要打成一片，就应当认真学习群众的语言。如果连群众的语言都有许多不懂，还讲什么文艺创造呢？"邓小平同志也曾于1992年春在武昌、深圳、珠海、上海等地的谈话中强调:"马克思主义是很朴实的东西,很朴实的道理。""长篇的东西是少数搞专业的人读的,群众怎么读? 要求都读大本子,那是形式主义的,办不到。"

2017年10月,习近平总书记在党的十九大报告中强调:"必须推进马克思主义中国化时代化大众化,建设具有强大凝聚力和引领力的社会主义意识形态,使全体人民在理想信念、价值理念、道德观念上紧紧团结在一起。"从这些相关论述中可以看出,推进马克思主义中国化时代化大众化,要求我们学习、运用群众的语言,写出通俗、朴实的作品,以使马克思主义为人民群众所理解、掌握和运用。

马克思在研究纷繁复杂的资本问题时,恰是从人们最平常接触到的商品入手,"资本主义生产方式占统治地位的社会的财富,表现为'庞大的商品堆积'"。他从"商品"这个资本主义社会财富的"元素形式"出发,运用通俗易懂的示例和演算,逐步揭示了资本主义社会运行规律,指明了资本主义基本矛盾,使无产阶级越来越清醒地认识到自身的阶级状况和历史使命。因此,恩格斯在1886年11月5日为《资本论》写的英文版《序言》中,形容"《资本论》在大陆上常常被称为'工人阶级的圣经'"。列宁为了在人民群众中宣传普及马克思主义,十分重视报纸、传单等形式的运用。1913年7月波涛出版社成为俄国社会民主工党中央委员会的出版社后，遵照中央的指示，重点出版了列宁的《俄国的罢工》《马克思主义和取消主义》等宣传通俗读物。为了更通俗地宣传有关帝国主义的观点，列宁在1916年写作《帝国主义是资本主义的最高阶段（通俗的论述）》一书时，曾于7月2日致米·尼·波克罗夫斯基的信中提道："如果认为最好避免用帝国主义这个字眼，那就用：《现代资本主义的基本特点》。（《通俗的论述》这一副标题绝对必要，因为许多重要材料就是按照作品的这种性质来阐述的。）"这体现了列宁力图用通俗、朴实的语言向人民群众宣传的态度。毛泽东同志则对推进马克思主义大众化的形式进行了多方面的实践探索。他创办《湘江评论》等报刊宣传马克思主义，探索以农民运动讲习所和工人夜校等形式普及马克思主义。他旁征博引，古为今用，洋为中用，提出了"为人民服务""实事求是""星星之火，可以燎原""枪杆子里面出政权"等鲜活的语言来表述马克思主义。邓小平同志也善于运用并创造性地提出了"发展才是硬道理""两手抓、两手都要硬""科学技术是第一生产力"等朴实的话语来阐发马克思主义。

面对人民群众日益增长的精神文化需求，2014年10月习近平总书记在文艺工作座谈会上强调："要跟上时代发展、把握人民需求，以充沛的激情、生动的笔触、优美的旋律、感人的形象创作生产出人民喜闻乐见的优秀作品，让人民精神文化生活不断迈上新台阶。"实际上，不仅在文艺工作领域，在意识形态和理论宣传等领域也需要反映时代要求和人民心声、通俗易懂地宣传阐释马克思主义的优秀作品，以推进马克思主义中国化时代化大众化，促进人民群众对马克思主义的理解、掌握和运用。

为此，我们编写了《走进现实：马克思主义基本原理大众化》系列丛书。本套丛书是紧密联系现实的马克思主义基本原理大众化科学读本，说理透彻，时代性强。丛书分为六册，分别从马克思主义导引、科学实践观的整体原则、人类社会发展规律、正确认识资本主义、当代资本主义的发展、科学社会主义等六个方面展开解读，清晰阐释马克思主义的历史脉络及展望未来马克思主义的发展前景。

本套丛书主要有以下特点：

一是现实性。本套丛书坚持理论和实践、历史和现实相结合的原则，紧密结合当代世界发展的实际、当代中国发展的实际、马克思主义中国化发展的实际，探索马克思主义发展的科学规律及当代发展和未来趋势。丛书注重全面理解马克思主义理论体系的基本内涵、时代特征和历史发展，深入理解习近平新时代中国特色社会主义思想如何把马克思主义基本原理同中国具体实际相结合、同中华优秀传统文化相结合，不断发展马克思主义。

二是通俗性。面向大众，贴近生活，是人民群众读得懂、看得明白的马克思主义科学读本。虽然大众早已对"马克思主义中国化"耳熟能详，但真正能把马克思主义科学内涵和历史发展规律等厘清的大多是专业研究人员，对普通群众来说，马克思主义是"熟悉的，也是陌生的"。本套丛书立足马克思主义大众化，使马克思主义不再是象牙塔里研究的枯燥理论。它以通俗的语言生动地阐释了马克思主义的科学内涵、理论体系和精神实质，使广大群众能够较为轻松地学习理解并准确掌握马克思主义。

三是学术性。从历史、理论和现实结合的高度，以恢宏的理论视野、深刻的理论论证、清晰的发展脉络、翔实的文献资料，阐释了马克思主义的科学内涵、理论体系和精神实质的内在统一性，凸显了马克思主义基本原理和科学精神的历史发展及时代意义，具有说服力、穿透力。

四是客观性。本套丛书注重以客观公正的态度呈现马克思主义的真实面貌。比如第一册《走进圣殿：马克思主义导引》，从历史和当代双重视野如实展现了马克思主义的世界观、方法论及核心观点，感悟其科学性、学术性、实践性和真理性的魅力；第二册《立足整体：准确把握马克思主义理论体系》，从主体、客体与实践"三者一体"的整体性视阈客观呈现马克思主义理论体系；第三册《打开密钥：人类社会发展规律》，以马克思主义经典作家的相关论述为依据，阐释了唯物史观的基本内容及其对正确认识人类社会发展历程的指导作用；第四册《拨开迷雾：正确认识资本主义》，以马克思主义基本原理为指导，全景式呈现资本主义的确立过程、运行逻辑、制度本质及观念属性，为正确认识资本主义提供科学指引；第五册《前路何方：当代资本主义的发展》，用大量事实和数据揭示了当代金融资本主义的面目特征，引思当代资本主义的未来趋势；第六册《继往开来：科学社会主义》，在回首百余年科学社会主义的理论与实践，展望世界社会主义运动的光明前景中，客观阐释科学社会主义的基本内涵、理论体系和精神实质。

五是全面性。以生动翔实的文献资料展开论述，说理透彻，行文流畅，兼具学术性与通俗性，可供理论工作者和广大党员干部学习与研究马克思主义参考使用，对大众正确理解当代现实问题也具有引领作用。

因此，本套丛书作为一套兼具学术性和通俗性的大众化读物，力图找准将马克思主义基本原理转化为实践力量的切入点、结合点和着力点，用简明、朴实的话语，通俗、易懂的方式推动马克思主义大众化，既适合普通民众较为轻松地学习、理解和掌握马克思主义基本原理及其世界观和方法论，又可以满足高校师生等学界人士深入理解马克思主义的理论体系及其当代价值的需要。

希冀本套丛书的出版能够助益社会民众和学界人士对马克思主义基本原理的了解和把握，促进马克思主义在当代中国的传播和普及，从而不断推动"两个结合"走向深入！

辛向阳

2023 年 11 月

目　录

第一章

壮丽的日出

——马克思主义的产生

2020年7月30日，时任美国国务卿蓬佩奥在网上发布了一个所谓的"重大发现"，称"中国共产党政权是一个马克思列宁主义政权"，引起了网民们的一片嘲讽。可笑的是，美国国务院的官推，竟然还以宛如名人名言一样的形式转发了这句话。在诞生一百多年后的今天，马克思主义仍然让西方国家一些人焦虑和胆寒。

马克思主义是我们立党立国、兴党强国的根本指导思想。2021年11月11日，习近平同志在中国共产党第十九届中央委员会第六次全体会议通过的《中共中央关于党的百年奋斗重大成就和历史经验的决议》中指出："党的百年奋斗展示了马克思主义的强大生命力。马克思主义揭示了人类社会发展规律，是认识世界、改造世界的科学真理。同时，坚持和发展马克思主义，从理论到实践都需要全世界的马克思主义者进行极为艰巨、极具挑战性的努力。一百年来，党坚持把马克思主义写在自己的旗帜上，不断推进马克思主义中国化时代化，用博大胸怀吸收人类创造的一切优秀文明成果，用马克思主义中国化的科学理论引领伟大实践。马克思主义的科学性和真理性在中国得到充分检验，马克思主义的人民性和实践性在中国得到充分贯彻，马克思主义的开放性和时代性在中国得到充分彰显。"马克思主义改变了世界，改造了中国。

一、千年思想家马克思

马克思是近代以来最伟大的思想家，以他名字命名的科学理论——马克思主义，犹如壮丽的日出，照亮了人类探索历史规律和寻求自身解放的道路，极大推进了人类文明进程。根据有关研究，作为马克思主义经典文献的《共产党宣言》至今被卖出约5亿册，成为人类历史上最畅销的著作之一。2013年，《共产党宣言》手稿和《资本论》第一卷一起被列入联合国教科文组织《世界记忆名录》。170多年过去了，马克思主义依然占据着真理和道义的制高点。

（一）马克思小传

卡尔·马克思1818年5月5日诞生于德意志邦联普鲁士王国莱茵省特利尔城一个律师家庭。在中学时，他就将"大多数人的幸福"作为自己的人生追求。1835—1841年，马克思先后在波恩大学和柏林大学学习法律，毕业后获得哲学博士学位。1842

年10月至1843年3月，担任《莱茵报》主编。1843年6月，马克思和燕妮结婚。同年秋，马克思一家迁居巴黎，他同卢格合办了《德法年鉴》杂志。1847年，马克思同恩格斯受邀共同参加正义者同盟，并将其改组为共产主义者同盟；同年出席共产主义者同盟第二次代表大会，受大会委托同恩格斯一起起草了同盟纲领《共产党宣言》。1848年法国二月革命爆发后，受共产主义者同盟中央委托，在巴黎筹建新的中央委员会，并当选为同盟主席。4月，马克思回德国参加革命。1848年欧洲革命期间，在科伦创办《新莱茵报》。革命失败后，流亡英国伦敦。

19世纪50年代和60年代，马克思于流亡伦敦生活中，在极端困难的条件下坚持从事经济理论研究，于1867年发表《资本论》第一卷。1864年9月国际工人协会即第一国际成立后，马克思被选为总委员会委员兼任德国通讯书记。1871年巴黎公社革命期间，受第一国际总委员会委托，马克思撰写了《法兰西内战》，系统地总结法国巴黎公社革命的经验教训，发展了无产阶级革命和无产阶级专政的理论。晚年虽受疾病折磨，马克思仍致力于帮助各国社会主义政党的成长，并继续从事理论研究。

1883年3月14日，马克思病逝于英国伦敦。他没有遗产，没有遗嘱，但留下了记载着其光辉思想的著作和数量庞大的手稿。1883年3月17日，马克思在伦敦的海格特公墓下葬，《泰晤士报》

仅刊登了一则短短的讣告。尽管参加葬礼的仅有马克思生前好友和亲人11个人，但恩格斯庄严地向世人宣告："他的英名和事业将永垂不朽。"① 马克思的逝世在欧美引起了巨大反响。3月19日晚，远在大西洋彼岸的美国，一场多达6000人参加的隆重追悼大会在库珀大厅举行。据说大厅外有5000人因无法挤入会场而被迫离开。"这次大会在任何意义上都不是一个政治性的或党派性的会议。这是一次共同悼念一位世界性人物的国际性集会，代表纽约工人组织中各种不同的观点。各种派别的进步工人为了纪念他们的伟大导师，在几小时内把他们之间的派别纷争和对立都抛在一边。"②

马克思的思想贯穿于他自己的大量手稿中，成为人类思想史上的丰碑。马克思的思想是镜子和标尺，成为衡量现当代各种社会思潮的基准。任何谈论19世纪以来思想史的人，都必须首先从马克思那里获得启迪，并表明自己对马克思主义的态度。每个提出新观点和新理论主张的思想家，都要接受来自马克思的质问，否则就会被认为是无知之举。有人曾这样总结说：马克思之前的历史，都是通向马克思；马克思之后的历史，都是从马克思

① 《马克思恩格斯文集》第三卷，北京：人民出版社2009年版，第603页。
② ［德］弗兰茨·梅林：《德国社会民主党史》第二卷，青载繁译，北京：生活·读书·新知三联书店1964年版，第241页。

重新再出发的。这一断言，充分表明了马克思在人类思想史上的伟大功绩和不可撼动的历史地位。

（二）杰出才华

纵观古今中外，思想者永远是这样的一群人：他们是真理的发现者，是人类社会中在认识领域内的先行者，是思想上的时代超越者。作为思想家，特别是攀登迄今为止人类思想史上最高峰的思想家，马克思有着敏锐的洞察力、出众的才华和充沛的精力。马克思饱览、咀嚼、批判前人和同代学者的各种学说，如孤独的旅行者攀越到思想的最高山峰，将过往的人类精神世界的如画风景尽收眼底，并指引着人们走向更遥远的征途。

马克思具有广博的学识。他通晓哲学、法律和历史，广泛涉猎英国古典政治经济学文献和英法空想社会主义各种著作。马克思对当时那个时代的科学技术最新进展时刻关注并熟稔于心。马克思还热爱诗歌和小说，在引用文学、诗歌和历史典故时能信手拈来。在马克思的著作中有莎士比亚、歌德等诸多文学巨匠作品的大量引用。凡是读过马克思著作的人，都能很容易地在他的笔下找到他对文学诗歌的引用。梅林曾为此专门指出："马克思把欣赏文学当作精神上的休息。在他整个一生中，文学始终是他的一种慰藉。他在这方面拥有极其广博的知识，但是从来不加以炫耀。"①

对马克思来说，学习新语言不仅是一种高级的休息方式，同时也能拓宽研究视野，更好地占有第一手资料，从而为开展真正的科学研究服务。除母语德语外，他熟练掌握英语和法语，能够对英国的政治经济理论文献和法国的社会主义者文献进行充分的学习和研究。他在晚年还自学了俄语，并熟练到可以自由写作的程度，从而对俄国社会和公社制度有了更充分的了解。对于马克思来说，语言不仅是阅读、写作的工具，而且"外国语是人生斗争的一种武器"②。

马克思酷爱数学并重视运用数学。从19世纪40年代起，马克思就一直利用闲暇时间学习和钻研数学，他所留下的《数学手稿》多达近千页。马克思本人甚至提出，一门科学只有当它达到了能够成功地运用数学时，才算真正发展了。③相比于其他古典政治经济学家，马克思更重视数学思维方法的运用。他的著作中不仅有大量的数学计算方法和公式，还有大量的关于数学公式的论证。在《资本论》中，数字的运用更是随处可见，从一般等价

---

① ［德］弗兰茨·梅林：《马克思传》下卷，樊集译，北京：人民出版社1965年版，第641页。
② 中共中央马克思恩格斯列宁斯大林著作编译局：《回忆马克思》，北京：人民出版社2005年版，第190页。
③ ［法］保尔·拉法格：《忆马克思》，《回忆马克思恩格斯》，北京：人民出版社1973年版，第6页。

形式到资本有机构成，从剩余价值率到平均利润率，从简单再生产到扩大再生产，马克思随处都在利用数学形式对经济现象进行抽象的揭示。在马克思的那个时代，微积分学才刚刚产生，马克思就富有哲理地指出："人们自己相信了新发现的算法的神秘性。这种算法通过肯定是不正确的数学途径得出了正确的（尤其在几何应用上是惊人的）结果。人们就这样把自己神秘化了，对这新发现评价更高了，使一群旧式正统派数学家更加恼怒，并且激起了敌对的叫嚣，这种叫嚣甚至在数学界以外产生了反响，而为新事物开拓道路，这是必然的。"①马克思对微积分这种新生事物所带来的神秘性并不惊讶，而是充满热情地拥抱了它，并给予了高度评价。

马克思是科学的"发烧友"，他不仅经常和恩格斯在信中探讨和分享对科学研究进展的看法，而且还和肖莱马、穆尔等人保持学术互动，俨然形成了一个小的"科学学术圈"。马克思欢迎一切新的科学发现，对自然科学的最新研究成果和新技术的运用更是热切期待。左尔格形容马克思："他的头脑就像停在军港里升火待发的一艘军舰，准备一接到命令就开向任何思想的海洋。"②

---

① 马克思：《数学手稿》，北京：人民出版社1975年版，第88页。

② 中共中央马克思恩格斯列宁斯大林著作编译局：《回忆马克思》，北京：人民出版社2005年版，第194页。

马克思重视在自己的写作中运用自然科学的最新发现，使自己的理论有坚实的自然科学知识的支撑。马克思高度评价达尔文在提出进化论方面的理论贡献，并曾亲笔题名赠送给达尔文德文第二版《资本论》第一卷。后者则在给马克思的回信中写道："尽管我们的研究领域是如此不同，但我相信，我们两人都热诚期望扩大知识领域，而这无疑将最终造福于人类。"①《马克思传》的作者梅林就曾指出，马克思和恩格斯在自然科学方面并不是浅尝辄止，而是做过大量的深入研究，并且从中汲取了自然科学发展的精髓。

马克思给人类留下了最宝贵的精神财富，让无数人着迷和向往。20世纪末，在即将进入新千年之际，英国广播公司网上评选千年最伟大思想家风云人物，评选结果依次是马克思、爱因斯坦、牛顿、达尔文，马克思位居榜首。1999年，英国剑桥大学文理学院教授评选"千年第一思想家"，马克思位居第一。2005年，英国广播公司第四频道调查3万名听众，征询"古今最伟大哲学家"，马克思位居第一。同年，德国第四次评选最伟大人物，马克思被评为"德国最伟大人物"。所有这些调查和评选给出的结论都不是偶然的，它充分且无可辩驳地说明了马克思思想体系的真理力量。

_____

① 史庆礼：《达尔文给马克思信件的新资料》，《化石》1978年第1期，第10页。

（三）崇高品质

马克思具有鲜明的个性。这一个性首先体现在他的执着和坚韧。马克思的女儿们曾多次向父亲提出一个问题："您的特点是什么？"父亲的回答，永远是"目标始终如一"，这恰恰体现出马克思作为革命领袖所具有的优秀品质。

马克思一生贫困潦倒，颠沛流离，物质生活极端匮乏。他曾向恩格斯写信倾诉困境："我的妻子病了，小燕妮病了，琳蘅像是患了伤寒。医生，我过去不能请，现在也不能请，因为我没有买药的钱。8—10天以来，家里吃的是面包和土豆，今天是否能够弄到这些，还成问题。"[①]由于生活贫困，马克思有三个孩子早夭，妻子燕妮也长年患病，整个家庭靠他微薄的稿费收入及好友恩格斯的接济来支撑。但是，他始终坚持自己的理想和目标。在服务于全人类大多数人与谋取个人安逸生活之间，他毅然选择了前者。

尽管物质生活上捉襟见肘，马克思的精神生活却异常丰富精彩，他咀嚼、享受人类精神殿堂里的食粮，从中汲取最好的营养。在困境面前，他从不屈服，从不为生活重担所压倒。流亡伦敦时，马克思将自己沉浸于大英图书馆里，埋首苦读，笔耕不辍。闪耀着马克思主义理论光辉的鸿篇巨制《资本论》就是在这

[①] 《马克思恩格斯全集》第四十九卷，北京：人民出版社2016年版，第224页。

一期间写就的。今天，人们仍可以在一间标有"阅览室与革命"牌子的阅览室中，寻找到当年马克思学习和写作的遗迹。据说，在将近30年的时间里，马克思几乎每天都会来到这个阅览室，在思想史上留下一段广为人知的故事。

相较于物质上的匮乏，马克思留下的精神财富是丰厚的，这种精神财富为亿万劳动群众所继承。马克思逝世时，侨居美国的德国社会党人阿道夫·杜埃曾如此写道，"当我们的已故朋友卡尔·马克思的遗嘱公布时，他的遗产竟像一位百万富翁一样多"，不过这种遗产不是物质的，而是精神财富，"这与百万富翁的遗产大相径庭！后者留下来的是偷窃来的财富，而我们的朋友留下的都是自己的创造；富翁积累财富，使世界更加贫困，而这个人甚至在他死后也使世界更加富饶。成为百万富翁并不需要什么惊人的特长，他们都是一丘之貉；而这一个人，除了他的某些成就以外，没有一个人能与他相比。继承百万富翁的人寥寥无几，而继承马克思的人却比比皆是"①。

（四）斗争精神

斗争是马克思最崇高的品格，马克思是一个自觉地把自己的

---

① ［美］菲利普·丰纳：《马克思逝世之际——1883年世界对他的评论》，王兴斌译，北京：北京出版社1983年版，第192—193页。

生活、学术生命和革命斗争熔铸在一起的人。恩格斯说："斗争是他的生命要素。很少有人像他那样满腔热情、坚韧不拔和卓有成效地进行斗争。"

马克思对斗争的理解，在他同时代的人的见证下被历史铭记。一名叫约翰·斯温顿的记者曾在旅欧时与马克思偶然相遇，前者在1880年9月6日纽约《太阳报》发表的《在英国和法国四十天的观感和札记》中，用记者的笔触以第一人称记叙了与马克思间的精彩对话：

火车即将按时开出，夜幕降临了。想到滔滔不绝的交谈和时光的流逝，想到白天的谈话和傍晚的景色，我的脑海中浮现出一个触及人生最高法则的问题，想从这位哲人那里寻求答案。我搜索枯肠，趁谈话间隙抓住要害，认真地向这位革命家和哲学家提出了一个富于哲理性的问题："人生的最高法则是什么？"

面对着汹涌的大海和海滨喧嚣的人群，他仿佛思绪万千。我又问："是什么？"他用深沉而严肃的语调回答："斗争！"

马克思的一生，是斗争的一生。然而必须指出，马克思的斗争不是为一己私利而发，而是为全世界劳动人民而斗争。对不合理的现实，他进行无情的鞭挞；对错误的理论和观点，他进行无情的批判；他深刻地揭露资本主义社会的黑暗与罪恶，对穷苦的劳动人民却保持极大的同情。为此，恩格斯专门指出："他可能有过许多敌人，但未必有一个私敌。"正是由于马克思敢于斗争，所以，马克思成为当时社会中"最遭嫉恨和最受诬蔑的人"[①]。作为一名战士，马克思以他的思想引领了他的时代，赢得了众多工人特别是社会主义者的尊敬。尽管"马克思本人在政治宣传中完全不显露自己，以致几十年来关于他的最不可靠的谎言能够得以传播而且为人相信"[②]，但众多关于马克思的传说和来自对手的攻击能够存在并流行，本身就是一个证明，表明了马克思的巨大影响力。

马克思首先是一个革命家。马克思赞颂革命是历史的火车头，革命不过是揭去了掩盖在资本主义社会对抗性关系上的帷幕而已。"暴力""斗争"这些字眼之所以令一般保守的人感到恐惧，原因在于他们没有认识到革命的本质。在论证封建生产方式向资本主义生产方式的转化过程时，马克思专门指出，"暴

---

① 《马克思恩格斯选集》第三卷，北京：人民出版社2012年版，第1003页。
② ［美］菲利普·丰纳：《马克思逝世之际——1883年世界对他的评论》，王兴斌译，北京：北京出版社1983年版，第81页。

力是每一个孕育着新社会的旧社会的助产婆。暴力本身就是一种经济力"①。

马克思是属于世界的，他的思想和学说让资产阶级如坐针砧，却又不能置身事外。在马克思逝世时，一些资产阶级自由报刊也对他给予了罕见的赞誉。在当时纪念马克思的文章中，维也纳《新自由报》就是一个典型的代表。尽管这家报纸一如以往地诽谤马克思从政府领取"资本"，但也不得不承认："我们向这么一位劲敌的遗体脱帽致敬。我们对他强有力的精神力量表示敬意，尽管这种以最可怕的形式表现出来的精神力量想以雷鸣般的轰击力摧毁中产阶级社会。"②

马克思是资产阶级所谓的"公敌"，但值得全人类尊敬。在今天，他仍然配得上这一荣誉。从某种意义上说，正是由于我们还处于马克思所揭示的时代，因此在全世界范围内，目前还没有哪一个思想家能够受到如此"礼遇"。

二、"第二小提琴手"恩格斯

马克思主义是无产阶级科学理论体系和共同事业的总称。无

---

① 《马克思恩格斯文集》第五卷，北京：人民出版社2009年版，第861页。
② ［美］菲利普·丰纳：《马克思逝世之际——1883年世界对他的评论》，王兴斌译，北京：北京出版社1983年版，第131页。

论是对当时的人，还是今天的人来说，马克思主义能够成为无产阶级的旗帜，是因为它汇集了无数人的思想智慧的结果。因此，马克思主义不能仅仅被看作马克思个人的理论与学说，更不能被看作马克思自己一个人的事业。在那些参与马克思主义的创立、形成和发展过程的人们之中，如果要指出有谁作用最重要、贡献最突出，那么这个人非恩格斯莫属。恩格斯对于马克思主义来说是须臾不可分割，也是丝毫不能被忽略的。恩格斯曾在给约翰·菲力浦·贝克尔的信中说："我一生所做的是我注定要做的事，就是拉第二小提琴，而且我想我做得还不错。我很高兴我有像马克思这样出色的第一小提琴手。当现在突然要我在理论问题上代替马克思的地位去拉第一小提琴时，就不免要出漏洞，这一点没有人比我自己更强烈地感觉到。"[①]恩格斯的谦虚无损于他的历史功绩，反而映衬出他的伟大品格。

（一）恩格斯生平简介

1820年11月28日，弗里德里希·恩格斯出生于德意志邦联普鲁士王国莱因省巴门市（今伍珀塔尔市）。他的父亲是一个棉纺场主，这为童年的恩格斯接受教育提供了良好的条件。虽然出

---

① 《马克思恩格斯选集》第四卷，北京：人民出版社2012年版，第571—572页。

身于工场主家庭，恩格斯却十分同情劳苦大众，常把自己攒下的钱送给穷人。1834年10月，恩格斯进入爱北斐特中学学习，奠定了基本的知识储备。1837年9月，在父亲的要求下，恩格斯不得不中途辍学，到父亲开办的商行当学徒，在此期间他对资本主义工商业和低层工人的情况有了初步的认识。1838年，恩格斯匿名发表了第一篇政论文章《伍珀河谷来信》，揭露了家乡资本家对工人的残酷压榨，文章在伍珀河谷引起了较大反响。1841年9月至1842年10月，恩格斯在柏林炮兵部队服役一年时间，其间他利用业余时间在柏林大学旁听，主攻哲学课程，受到青年黑格尔派的影响。1842年4月，恩格斯开始为《莱茵报》撰稿，同年11月赴英国曼彻斯特欧门-恩格斯棉纺厂办事处工作。在赴英途中，恩格斯在科隆与马克思第一次会面。

1844年8月，恩格斯在巴黎与马克思进行了第二次会晤。这次会晤是马克思和恩格斯伟大友谊的一个开端，也标志着他们两人为了共产主义事业将展开的亲密合作。1845年，恩格斯同马克思合作发表《神圣家族》，第一次明确与青年黑格尔派划开了界限，并初步阐明了辩证唯物主义和历史唯物主义的重要原理。

1847年，恩格斯与马克思一道参与国际工人运动的具体工作，将处于秘密工作状态的国际工人运动组织"正义者同盟"改组为"共产主义者同盟"。1848年3月，恩格斯当选为共产主义者同盟中央委员会委员；4月，赴德国科伦担任《新莱茵报》编辑，协助马克思主持该报编辑部工作。1848年秋至1849年初，因欧洲反动势力对同盟进行打压和围剿，为躲避官方追捕，恩格斯流亡比利时和瑞士，在瑞士协助组织工人协会。1849年5月，恩格斯赴德国，在爱北斐特参加武装起义；次月，在巴登－普法尔茨任维利希志愿军团副官，亲临前线参加战斗。起义失败后，恩格斯流亡到瑞士，后于1849年11月抵达伦敦，当选为同盟中央委员会委员，负责改组同盟工作。

寓居伦敦的头几年是马克思人生中最困苦艰难的岁月，也是恩格斯做出巨大牺牲的时期。为了在经济上接济马克思，1850年恩格斯重返曼彻斯特，重新投入他十分厌恶的经商活动。随着共产主义者同盟的解散，马克思将工作重心转向政治经济学研究，恩格斯为此提供了必不可少的资助，马克思得以克服困难、专心投入《资本论》的写作。工作之余，恩格斯还研究自然科学和军事科学，就各种理论问题同马克思交换意见，写了大量军事、政治论文。这一期间，恩格斯甚至直接帮马克思为《纽约每日论坛报》撰写稿件，以便马克思能够按时得到补贴家用的稿费。1870年9月，恩格斯从曼彻斯特迁居伦敦；同年10月，经马克思提议，恩格斯当选为国际总委员会委员，任比利时、意大利、西班牙、葡萄牙和丹麦的通讯书记和总委员会财务委员。

1883年3月14日马克思逝世后，留下了大量的尚未最终完成的《资本论》手稿。这些浸透了马克思后半生巨大心血的珍贵手稿，如果不能面世，对于国际无产阶级运动、对于马克思主义理论将是一个世纪的遗憾。为此，恩格斯不顾自己事务的繁重，毅然承担起《资本论》第二卷、第三卷的整理和出版工作。晚年，恩格斯积极指导国际工人运动，与各种机会主义者进行了不妥协的斗争。

1895年8月5日，在马克思逝世12年后，恩格斯在英国伦敦泰晤士河边的寓所内逝世。8月10日，来自各地的人们汇聚在威斯敏斯特桥的滑铁卢车站大厅，他们在那里为恩格斯举行了一场令人难忘的追悼会。同月27日，一艘小船从英国伊斯特勃恩海边静静地划向大海深处，没有音乐，没有盛大仪式，人们遵照恩格斯的遗嘱，将他的骨灰撒在伊斯特勃恩海湾的大海中。尽管没有供人瞻仰的墓地，但纪念恩格斯的展览馆和纪念碑至今仍然矗立在世界各地。作为马克思主义的创始人之一，恩格斯的名字永远被世人所铭记，"凡是知道马克思名字的地方，也知道弗里德里希·恩格斯"①。

---

① 中共中央马克思恩格斯列宁斯大林著作编译局：《回忆马克思》，北京：人民出版社2005年版，第212—213页。

（二）亲密战友

恩格斯在马克思主义形成、发展和传播过程中的角色是独特的，所发挥的作用是无人可以替代的。历史绝不会将他当作一个普通的陪衬者，也不会将他单纯地归于马克思思想的传播者。无论从哪种意义上来说，恩格斯首先是一个独立的、有巨大创见的思想家，其次才是马克思的亲密战友和合作伙伴。列宁指出："古老传说中有各种非常动人的友谊故事。欧洲无产阶级可以说，它的科学是由这两位学者和战士创造的，他们的关系超过了古人关于人类友谊的一切最动人的传说。恩格斯总是把自己放在马克思之后，总的说来这是十分公正的。他在写给一位老朋友的信中说：'马克思在世的时候，我拉第二小提琴。'他对在世时的马克思无限热爱，对去世后的马克思无限敬仰。这位严峻的战士和严正的思想家，具有一颗深情挚爱的心。"①恩格斯作为创始人直接参与和推动了马克思主义的创立，在马克思主义发展过程中作出了不可磨灭的贡献。

志同道合是命运将马克思和恩格斯紧密联结在一起的重要原因。1843年底，恩格斯与马克思在科隆《莱茵报》第一次见面后，恩格斯回到英国，即着手研究政治经济学理论问题。基于对

---

① 《列宁选集》第一卷，北京：人民出版社2012年版，第95页。

英国工人阶级的深入考察，他系统研究了英法两国的社会主义学说，撰写出了具有划时代意义的马克思主义经典文献《政治经济学批判大纲》。在马克思主义发展史上，这是第一次从经济学的角度对黑格尔所说的市民社会问题展开深入研究。恩格斯指出现代社会阶级对立的根本原因是经济因素，需要通过革命来消除私有制弊端。这篇文章是促使马克思理论研究转向的重大因素。发表在马克思担任主编的《德法年鉴》上的另一篇文章，即《英国状况——评托马斯·卡莱尔的〈过去和现在〉》，对卡莱尔的神学历史观和唯心史观进行了批判。这也是马克思主义发展史上较早对社会历史本质进行探讨的文章，恩格斯在文章中论证了劳动大众在历史上的地位和作用，为科学社会主义的创立寻找到了新的突破点。由此，恩格斯与马克思在思想上第一次完全接近，两人从此开始了共同的事业，并成为亲密的战友。

恩格斯从"另一条道路"得出了唯物史观的结论，他在《政治经济学批判大纲》和《英国工人阶级状况》中对这一问题进行了马克思主义最初的探索。恩格斯后来回忆说："当我1844年夏天在巴黎拜访马克思时，我们在一切理论领域中都显出意见完全一致，从此就开始了我们共同的工作。1845年春天当我们在布鲁塞尔再次会见时，马克思已经从上述基本原理出发大致完成了阐发他的唯物主义历史理论的工作，于是我们就着手在各个极为不同的方面详细制定这种新形成的世界观了。"①

恩格斯也是马克思身边给予帮助最大、思想交流最多的人。1850年，马克思迁居伦敦，但生活陷入困境。为了让马克思专心于科学研究和创作，恩格斯毅然从商，慷慨资助马克思。他甚至代马克思在《纽约每日论坛报》撰稿以获得稿费，保证马克思有一份相对稳定的收入。

和马克思一样，恩格斯不仅是一个富有洞察力的理论家，也是一个意志坚定的革命家。在经历了共产主义者同盟解散的曲折后，恩格斯和马克思推动了第一国际的建立。第一国际成立后，恩格斯同马克思一起参加了第一国际的领导工作。针对第一国际内部各种工人阶级派别的论争和分歧，恩格斯毫不妥协，始终与马克思站在一起。在领导第一国际工作期间，他先后和蒲鲁东派、巴枯宁派、工联派以及拉萨尔派进行了坚决斗争，维护了无产阶级队伍的纯洁，为马克思主义在国际工人运动中的领导地位奠定了基础。

恩格斯学识非常渊博，其理论研究涉及的领域非常广泛。他参加过军队，对军事学有深入研究。在语言学方面，他表现出罕见的天赋。终其一生，他共学过六七十种语言，并能用十几种语

---

① 《马克思恩格斯选集》第四卷，北京：人民出版社2012年版，第202—203页。

言交流对话或写作，这对于他和马克思掌握第一手资料和领导国际工人运动提供了巨大的帮助。恩格斯与科学家有着良好的交流，他通晓自然科学史，对自然科学的最新发展有深入研究，这是他写作《自然辩证法》的基础。

恩格斯是一个勤奋的人。除了自己撰写的《政治经济学批判大纲》《英国工人阶级状况》《法德农民问题》《反杜林论》《自然辩证法》《家庭、私有制和国家的起源》等广为人知的著作外，他与马克思合作撰写了马克思主义发展史上的重要文献，如《共产党宣言》《神圣家族》《德意志意识形态》等。他还为马克思撰写《资本论》提供了大量而充实的实践材料。1867年9月，《资本论》第一卷在德国汉堡出版时，恩格斯婉言谢绝了马克思让他当合著者的请求，没有参与共同署名。马克思去世后，恩格斯承担起马克思遗稿的整理工作，浸透马克思半生心血的《资本论》第二卷和第三卷终于正式出版，最终使政治经济学领域的伟大变革以较完整的形式告示于世人。奥地利社会民主党人阿德勒说得很对："恩格斯出版《资本论》第2卷和第3卷，就是替他的天才朋友建立了一座庄严宏伟的纪念碑，无意中也把自己的名字不可磨灭地铭刻在上面了。"①从这个意义

---

① 《列宁选集》第一卷，北京：人民出版社2012年版，第95页。

上说，《资本论》第二卷和第三卷的确也可以被看作马克思和恩格斯两人共同完成的著作。

（三）出色助手

在马克思主义创立过程中，恩格斯从来都不是一个单纯的追随者。恩格斯有着天才般的思维，还有着坚韧和谦逊的品质。有人指出："恩格斯在性格上很多方面与马克思截然相反：他热情、平和，生命中洋溢着愉快。他对朋友忠诚、忍让、无私，思想敏捷、清晰，能够把深奥和复杂的问题简单化。"[①]这一特点，使他能更好地发挥"第二小提琴手"的作用，后者在《反杜林论》中表现得尤其明显。

在理论研究上，恩格斯有着敏锐的直觉，他对政治经济学的兴趣和爱好使他能更快地开拓研究新视角。他立足于英国社会史经验的分析，使他比马克思更早地触碰到历史唯物主义的理论内核。他对市民社会的批判启发了马克思，从而开启了马克思主义学说史上最伟大的变革。

《资本论》第一卷出版后，面对资产阶级的"沉默"阴谋，恩格斯立足热点问题，用争论式的文体来撰写文章，引起人们对

---

① ［英］戴维·麦克莱伦：《卡尔·马克思传（第3版）》，王珍译，北京：中国人民大学出版社2005年版，第254页。

《资本论》的兴趣，扩大马克思主义理论的影响。在批判错误思潮时，恩格斯善于用大众化的方法，利用反驳的间隙进行正面的阐释。19世纪时，社会上被形形色色的社会主义理论充斥，为了进行区分，恩格斯第一次给出了科学社会主义的科学定义。他指出，科学社会主义是与马克思的两个伟大发现结合在一起的。他立足于系统的观点，在反驳杜林的错误理论体系时，完整而全面地阐明了哲学、政治经济学和科学社会主义三者之间的关系。他践行马克思主义改造世界的主张，始终将马克思主义放在工人运动中来检验和发展，并通过与各种教条主义和机会主义的斗争，维护马克思主义理论的科学性质。

马克思主义者从来不屑于亮明自己的立场和观点，在这一点上恩格斯可以说是一个典范。标志着马克思主义诞生的《共产党宣言》，其最初的题目叫《共产主义信条草案》，借鉴当时流行的"教义问答"，亦称"教理问答"。原因在于，共产主义者同盟的前身正义者同盟最初的纲领，分别有1838年由K.沙佩尔起草的《财产共有》和1844年由A.艾韦贝克起草的《共产主义教义问答》。恩格斯在写作过程中察觉出问题，经过重新考虑提出了新的题目和结构设想。由于恩格斯的坚持，共产主义者同盟最终摒弃了当时流行的教义问答体例。

1847年11月23—24日，恩格斯致信马克思说："请你把《信条》考虑一下。我想，我们最好不要采用那种教义问答形式，而把这个文本题名为《共产主义宣言》。因为其中或多或少要叙述历史，所以现有的形式完全不合适。我把我在这里草拟的东西带去，这是用简单的叙述体写的，时间十分仓促，还没有作仔细的修订。我开头写什么是共产主义，接着写什么是无产阶级——它产生的历史，它和以前的劳动者的区别，无产阶级和资产阶级之间的对立的发展，危机，结论。其中也谈到各种次要问题，最后谈到了共产主义者的党的政策中应当公开的内容。"① 后来问世的《共产党宣言》就是按照恩格斯的设想形成的。列宁对恩格斯为《共产党宣言》的诞生所作的巨大贡献给予很高评价，指出："这部著作后来传遍于全世界，一切基本原则直到今天还是正确的，写得非常生动而及时，就好像是昨天写成的。这封信清楚地表明，把马克思和恩格斯两个人的名字作为现代社会主义创始人的名字并列在一起是很正当的。"②

马克思的学说被命名为马克思主义，也和恩格斯有关。众所周知，马克思在世时自称他的学说为"新理论"或"科学社会主义"，经常使用"共产主义"的概念来表述自己的理论和世界观。"马克思主义"一词最初由马克思的反对派提出，并作为

---

① 《马克思恩格斯选集》第四卷，北京：人民出版社2012年版，第420页。
② 列宁：《论马克思恩格斯及马克思主义》，北京：人民出版社1973年版，第48页。

贬义词使用。马克思逝世后，鉴于恩格斯在国际共产主义运动中的地位，一些人曾善意地提出以"马克思主义－恩格斯主义"或"恩格斯主义"的概念命名新理论，但被恩格斯拒绝了。

恩格斯的谦逊，使他始终坚持将马克思作为科学理论的主要创立者。1884年10月15日，恩格斯在给约翰·菲力浦·贝克尔的信中写道："我们之中没有一个人像马克思那样高瞻远瞩，在应当迅速行动的时刻，他总是作出正确的决定，并立即切中要害。诚然，在风平浪静的时期，有时事件证实正确的是我，而不是马克思，但是在革命的时期，他的判断几乎是没有错误的……"[①]1886年初，恩格斯开始重视运用"马克思主义"这一概念。他认为，虽然该概念由马克思的反对派提出，在最初的意义上具有贬义性，但在马克思去世后，随着工人阶级认识的改变以及马克思理论日益深入人心，一些先进工人和社会主义者已经认可"马克思主义"，并已经完成在褒义上使用"马克思主义"的提法。

恩格斯对"马克思主义"这一概念进行了深入的研究。他于1886年8月18日在致奥古斯特·倍倍尔的信中开始正面采用"马克思主义"的概念。恩格斯指出，仅仅从狭义上理解马克思主义是不够的，也不能将马克思主义仅仅局限于理论制订者，马克思

---

① 《马克思恩格斯选集》第四卷，北京：人民出版社2012年版，第572页。

主义的一个重要功能是其教育作用，即可以使持有不同观点的人也转化为马克思主义者。他还认为，马克思主义既是科学理论也是人生信仰，对于科学理论不甚精通的普通工人，如果能够理解和掌握理论，并将理论所确立的方法和原理作为信仰或信念来实践，就可以成为马克思主义者。从上述观点出发，恩格斯指出，教条主义实际上是马克思主义的敌人，真正的马克思主义者需要根据实践的发展不断进行理论创新。恩格斯对马克思主义含义的论证和阐发，澄清了一些基本问题。在他主动提出要使用这个名称后，各国马克思主义者随之广泛采用。

从某种意义上说，没有恩格斯也不会有马克思主义的诞生。恩格斯对马克思的资助，对马克思所从事事业作出的巨大牺牲，是无产阶级事业的一面丰碑。正如梅林所指出的："两个朋友整个地融合在一个共同的事业里面了；每个人都毫无怨尤也毫不夸耀地对这个事业作出了不同然而相等的伟大牺牲。他们的友谊成为全部历史上无以伦比的联盟。"[1]

（四）卓越能力

从19世纪50年代到90年代，在半个世纪的漫长岁月中，恩

---

[1] ［德］弗兰茨·梅林：《马克思传》上卷，樊集译，北京：人民出版社1965年版，第300页。

格斯与马克思并肩战斗，为创立、捍卫和发展马克思主义作出了别人无可替代的贡献。马克思和恩格斯的合作成为人类历史上最传奇的故事，给后人以无尽的遐想和向往。

恩格斯有坚定的无产阶级立场和共产主义崇高理想。在他的全部文献中，体现出的是对真理和无产阶级解放事业目标的不懈追求。列宁指出："恩格斯是在英国，是在英国工业中心曼彻斯特结识无产阶级的。……他常常到工人栖身的肮脏的住宅区去，亲眼看见工人贫穷困苦的情景。但是，他并不满足于亲身的观察，他还阅读了他所能找得到的在他以前论述英国工人阶级状况的一切著作，仔细研究了他所能看到的一切官方文件。这种研究和观察的结果，就是1845年出版的《英国工人阶级状况》一书。"①正是由于恩格斯将自己和无产阶级的命运联结在一起，有相同的立场和认识，才使他和马克思走到了一起。

恩格斯对自己的使命和承担的革命工作，有着高度的自觉意识。通过新世界观和历史观的发掘和确立，他清晰认识到自己所从事的理论工作的革命性质，特别是后者对于工人阶级的现实意义，并与马克思进行了工作分工。恩格斯重视梳理思想史，并在此基础上阐明马克思主义的理论内核与核心原则。恩格斯对新生

---

① 《列宁选集》第一卷，北京：人民出版社2012年版，第91页。

事物的关注和新领域的开辟曾给马克思以极大启发。没有恩格斯的启发，马克思对政治经济学的研究不会那么早、那么深入。如果没有恩格斯的资助，马克思也不能顺利完成自己的研究。就思想史角度而言，恩格斯和人们心中的那个马克思是天然结合在一起的。弗兰茨·梅林指出："马克思似乎高出于恩格斯。但是，如果没有恩格斯和他一起提高，他也不能达到这种高度。因为恩格斯向来不只是马克思的助手和解释者，这样的人在马克思生前或死后都是很多的。恩格斯是马克思的一个有独创能力的协作者，他不等于马克思，但在精神上都是相近的。"[1]在与空想社会主义者论战中，为了突出马克思所创立的理论，恩格斯本人直接创造了"科学社会主义"这一术语，第一次使科学社会主义成为马克思主义、共产主义的代名词。正是在这样的努力下，马克思主义才能与当时流行的各种社会主义思想真正地、彻底地划清界限。

恩格斯具有卓越的见识和超强的行动力。恩格斯本人并没有上过大学，但他在服兵役期间利用旁听生身份在柏林大学听课，更重要的是他平时养成了自学习惯，并坚持从实践中获得知识。恩格斯既从书中学习，也从社会中学习。在某种意义上说，他是一位"自学成才"者的典范。凡是研究马克思主义哲学的人，都

---

[1] 中共中央马克思恩格斯列宁斯大林著作编译局编：《回忆恩格斯》，北京：人民出版社2005年版，第217页。

有必要去恩格斯那里寻根问源；凡是想梳理近代哲学发展脉络、了解马克思如何对德国古典哲学进行深刻批判的人，都有必要修读恩格斯写作于晚年的《路德维希·费尔巴哈和德国古典哲学的终结》这本书。恩格斯为了论战需要所撰写的《反杜林论》，涉及天文地理、物理化学、生物学、自然、军事、历史、社会和逻辑学等各个方面，被后人赞誉为马克思主义的"百科全书"。即使是自然科学研究者，在今天仍然需要从恩格斯的《自然辩证法》中汲取营养。

恩格斯的能力随时能够赢得他身边人的认可和钦佩，这在与他同时代人的笔下也有充分的体现。马克思逝世后，每当人们回忆他时，总是要提起恩格斯。列斯纳称弗里德里希·恩格斯是马克思"精神上的兄弟"，"恩格斯本人对现代社会主义的创立和传播做出了很大的贡献，但是他常常强调他那不朽的朋友的作用。像恩格斯这样的人，你只要对他了解得越深刻，也就会越加敬爱"①。

恩格斯有着宽广的胸怀，他生前对于后人制造的"矮化恩格斯""马恩对立"等论调早有预见。尽管马克思恩格斯共同创立了唯物史观，但恩格斯并不居功，针对"马克思主义"这

---

① 中共中央马克思恩格斯列宁斯大林著作编译局：《回忆恩格斯》，北京：人民出版社2005年版，第247页。

一提法的使用，恩格斯于1888年专门作了郑重说明："近来人们不止一次地提到我参加了制定这一理论的工作，因此，我在这里不得不说几句话，把这个问题澄清。我不能否认，我和马克思共同工作40年，在这以前和这个期间，我在一定程度上独立地参加了这一理论的创立，特别是对这一理论的阐发。但是，绝大部分基本指导思想（特别是在经济和历史领域内），尤其是对这些指导思想的最后的明确的表述，都是属于马克思的。……没有马克思，我们的理论远不会是现在这个样子。所以，这个理论用他的名字命名是理所当然的。"①

三、应时而生：马克思主义的由来

在人类社会发展的历史长河中，理论体系的产生都有其内在原因。马克思主义是人类社会发展进入人类社会最后一个阶级对抗的时代，即进入资本主义时代后的必然产物。马克思主义的产生不仅具有深刻的社会根源，还源于其自身的阶级基础和思想渊源。

（一）时代背景与阶级基础

马克思生活的时代，有一个不同于以往历史时期的最大特

---

① 《马克思恩格斯选集》第四卷，北京：人民出版社2012年版，第248页。

点。从阶级斗争的情况看，经过两百年的发展，当时欧洲资本主义与封建主义的斗争已经逐渐落幕。资产阶级取代封建地主阶级和教会，一跃成为西欧社会的统治阶级，而广大劳动者普遍成为一无所有的劳工。可以说，资产阶级与工人阶级的矛盾超越了其他社会矛盾，逐渐上升为当时社会的主要矛盾。17世纪40年代到19世纪上半叶，英国和法国等西欧国家相继发生了资产阶级革命。在资产阶级主导下，腐朽的封建制度和教廷统治被推翻，阻碍资本主义进一步发展的障碍得到了清除。反对封建主义的革命告一段落，新兴的资产阶级在欧洲大多数国家都取得胜利。资产阶级为维持新建立起来的政权，维护对工人的残酷剥削，不断加大对工人阶级的镇压，点燃了新一轮阶级斗争的导火索。

工业革命是资产阶级战胜封建统治的有力工具和杠杆。英国在这一方面走在了前面。英国在19世纪30—40年代就率先完成了第一次工业革命。随着工业革命带来的生产扩张，工场手工业受到破坏并日益没落，机器大工业蓬勃兴起。随着工业革命的发生和科技的快速进步，资本主义生产方式在西欧国家日益占据统治地位，这极大地推动了劳动生产率的提高，使社会生产力迅猛发展。不过，在这一过程中资本主义社会的内在矛盾也日益显现：一方面，劳动生产率不断提高，生产的社会化程度日益增强；另一方面，社会两极分化愈益突出，经济危机频发。机器大工业的发展，使资本积累大大加快，但工人的劳动和生活条件不仅没有同步改善，反而更加恶化。劳动时间的延长和劳动强度的加大成为普遍现象，资本家还用廉价雇佣女工和童工等手段在整体上压低工人工资，工人破坏机器、罢工等运动不断涌现，工人和资本家的矛盾不断加剧。

经济危机是资本主义矛盾的外在表现。随着资本主义生产方式统治地位的稳固，一种现代瘟疫，在历史上从没出现过的现象即生产过剩开始登场。这一现象的首先爆发地点，就在资本主义最先取得发展的国家。1825年，英国所爆发的经济危机是第一次的全国性经济危机。而后，这一现象不断在资本主义各国重现。1836年和1847年西欧国家各爆发一次区域性的危机，危机波及到法国、德国等欧洲各主要资本主义国家。在经济危机中，资本家破天荒地主动倾倒商品和销毁社会财富，使每次危机都成为对社会财富的一次巨大破坏。资本主义的空前社会危机，需要有新的理论对社会新现象和未来的出路给予科学的解释。

资本主义的统治和经济危机的爆发，对于欧洲各国受压迫剥削的工人阶级来说更是一场灾难。19世纪30—40年代，法国、英国、德国接连爆发了无产阶级反对资本主义制度的斗争。法国里昂工人于1831年举行了第一次起义，1834年举行了第二次起义；1836年英国爆发了长达十余年、声势浩大的全国性的工人运动——宪章运动；1844年德国的西里西亚纺织工人举行起义。马克思主义就是在这一背景下产生的，它的阶级基础就是现代工人阶级。

作为大陆国家，法国是资产阶级和封建势力斗争的前沿，因而也备受各种势力的关注。应当说，欧洲工人运动首先爆发于法国，有其历史的必然性。1831年11月21日，里昂纺织工人和手工业者宣布罢工，抗议厂商破坏订货合同和拒绝提高工资，起义者打出的口号是"做工不能生活，不如战斗而死"。1834年4月9日，里昂工人举行第二次武装起义。这次起义的直接原因，是工人们反对反动政府颁布的禁止工人集会结社的法令。法国资产阶级反动政府还逮捕工人互助会领袖，打压工人运动，激起了工人们的反抗。工人阶级在起义中鲜明地提出自己的政治主张，要求"建立民主共和国"。里昂工人第二次武装起义，使工人阶级的政治要求在历史画卷中得以第一次呈现，表明无产阶级开始真正作为"社会主义的战士"大踏步地登上历史舞台。

在英吉利海峡对岸，资本主义的起源地英国，从1836年开始爆发了持续12年之久的宪章运动。1832年，英国议会实行选举制度改革，暂时满足了工业资产阶级的要求。不过，作为争取选举制度主要力量的工人却被剥夺了选举权，英国工人阶级开始觉醒，不再依附资产阶级，而是通过自己的独立行动争取政治权利。宪章运动具有较广泛的社会基础，运动发起者直接将劳动和劳动者权利写在自己的口号中。在经济主张上，宪章运动突出了工人阶级的地位，呼吁承认劳动者的作用，主张劳动才是财富的唯一来源。宪章运动者还提出，普选权问题就是饭碗问题。工人们要取得普选权，并有机会参与国家的管理，通过政治变革提高工人阶级经济地位。宪章运动最终虽以失败告终，但其延续时间之长、涉及范围之广、发动群众之多，都是史无前例的，在工人运动史上写下了重重的一笔。

作为后发资本主义国家的德国，阶级斗争的形式更为激烈。1844年6月，德国西里西亚织工发动起义。由于资产阶级在当时的德国还没有完全取得统治地位，工厂主、包卖商、封建主共同骑在工人头上，使工人阶级遭受双重剥削和压迫。西里西亚织工在起义中，明确把斗争矛头指向私有制，直接反对资本家残酷剥削，斗争具有高度的组织性和纪律性。这次起义中，德国工人阶级表现出了高度的理论性和自觉性，马克思专门给予赞誉和正面评价。

法国、英国、德国工人运动的兴起，是一个伟大的开端。它标志着现代无产阶级的一个新时代的开启，即第一次作为独立的政治力量登上了历史舞台。这种独立的政治力量要独立发挥作用，当然需要与其自身地位和革命需要相适应的理论。现代无产阶级一旦觉醒，就有必要总结和升华自身的斗争经验，在升华中产生科学的革命理论，以指导自身的解放斗争。显然，这种历史需要是空想社会主义学说难以满足和无力解决的。在时代呼唤和阶级冲突的背景下，马克思主义学说应运而生，它不是马克思恩格斯个人的偶然的设想，而是工人阶级革命运动的需要。

（二）理论借鉴与科学启迪

马克思主义理论有三个直接的来源，它们是19世纪在西欧产生，在哲学、政治经济学和社会学方面的三大先进思潮。在资本主义发展初期，西欧一批先进的思想家就开始探讨对时代课题的解答，并提出了一些具有启发性的思想。其中，德国的古典哲学、英国的古典政治经济学和英法两国的空想社会主义是其中的杰出代表。德国的古典哲学中的唯物主义思想冲破了旧思想的牢笼，而辩证法思想开辟了认识论的新领域。随着英国古典政治经济学的产生，在亚当·斯密等人那里，劳动创造价值的观点被确立，化身为系统化的学说，并初步引入对资本主义生产关系的分析之中。

在关于财富的经济分析中，斯密的劳动价值论实现了历史性的突破。其代表性著作《国富论》至今仍被视为现代经济学的开端，他也因而博得恩格斯的特别赞誉，后者称其为"国民经济学的路德"。不同于重商主义视货币本身为财富的观点，也不同于重农学派从流通领域转向生产领域、仅仅将农业劳动作为创造价值的观点，斯密从社会财富生产的角度看待劳动的独特作用，这体现在他提出并确立了"劳动一般"这样一个前人没有使用过的概念，"他抛开了创造财富的活动的一切规定性，——干脆就是劳动，既不是工业劳动，又不是商业劳动，也不是农业劳动，而既是这种劳动，又是那种劳动"，"亚当·斯密宣布劳动一般，而且是它的社会的总体形式即作为分工的劳动，是物质财富或使用价值的唯一源泉"①。这一理论上的突破，为马克思和恩格斯分析资本主义社会生产过程确立了一个重要前提。

在19世纪初的英国和法国，社会主义思想开始产生并广泛流行。一些社会主义者用批判作为武器，揭露资本主义的罪恶，提出自己的社会变革主张，圣西门、傅立叶和欧文等，分别从各自的角度剖析了资本主义社会存在的问题，并对这些问题产生的根源进行了探讨。然而，"由于阶级对立的发展是同工业的发展步调一致的，所以这些发明家也不可能看到无产阶级解放的物质条件，于是他们就去探求某种社会科学、社会规律，以便创造这些条件"②。这些社会主义者甚至在小范围内进行了社会变革实

---

① 《马克思恩格斯选集》第二卷，北京：人民出版社2012年版，第704页。
② 《马克思恩格斯文集》第二卷，北京：人民出版社2009年版，第62页。

验，他们提出的主张显然是合理的，但实现其主张的方法和路径又是脱离实际的，因而他们的社会主义主张也成为一种空想的主张。他们用简单朴素和不成熟的思想，对未来新社会的前景进行了设想和展望。恩格斯为此指出，"现代社会主义，……就其理论形式来说，它起初表现为18世纪法国伟大的启蒙学者们所提出的各种原则的进一步的、据称是更彻底的发展"①。

近代哲学的发展是伴随资产阶级工业革命的必然产物，在哲学的发展中，德国的黑格尔哲学体系在逻辑学方面取得了突破，他所提出的辩证法思想，为正确认识客观世界提供了一把方法论方面的钥匙。不过，黑格尔的辩证法具有唯心的性质，还没有使自己建立在客观世界的现实基础上，需要对其进行批判性改造。

正是在上述理论成果基础上，马克思恩格斯批判地吸收了其有益成分，创立了自己的科学理论，完成了人类认识史上最伟大的革命。上述三个社会科学方面的成就，直接构成了马克思主义的理论来源。但仅仅有这些还是不够的，社会科学的彻底变革还需要取得自然科学的最新成果的支撑。而19世纪的三大科学发现弥补了后者的不足。无论是细胞学说，还是能量守恒与转化定

① 《马克思恩格斯选集》第三卷，北京：人民出版社2012年版，第391页。

律，或者是生物进化论，都从不同侧面推动了社会科学的真正变革，在解答人和自然的关系、人的本质、客观世界的规律等方面为人们打开了通向认识真理的道路。这些都为马克思主义的产生提供了自然科学前提。

（三）早年经历与独立思考

参天大树总是深深扎根于地下，伟大的思想总是萌芽于各种理论激荡的时代之潮流中。19世纪初，德国正处在资本主义经济发展的初期阶段，这样一个变革时期不可能不反映在思想的活跃与激荡上。各种观点相互交织，封建末期的、前资本主义的与资本主义的意识形态更是处于异常激烈的交锋之中。其中，以"自由与平等"为旗帜的资产阶级革命口号，更是射向德国封建社会的利箭，反衬出德国现实社会下贫富分化本身所蕴藏的历史落后性。然而，当时止于口头的哲学批判却成为德国的一种风尚，黑格尔所主张的精神批判引领了一代人。

青年马克思思想的起点是黑格尔哲学。和当时的进步青年一样，青年马克思将目光跃过保守的老年黑格尔派哲学，以巨大的热情参与到激进的青年黑格尔派活动中，力图在哲学领域发起一场革命来挽救德国哲学。由于马克思对现实问题的关注，他在若干重要问题上，又没有停留于青年黑格尔派的认知，而是另辟蹊径，迈出了关键一步。

19世纪40年代初，马克思在《莱茵报》工作期间，因受到一宗森林财产权经济纠纷案的影响，开始关注私有产权与贫苦农民的物质需求问题。马克思的《关于林木盗窃法的辩论》，是在他第一次直接接触经济利益问题后撰写的。他将眼光转向贫苦群众的物质生活条件，探讨这些物质利益与法律国家间的关系，探究群众贫困的真正原因。正是从这个视角，马克思看到了隐藏在国家和法律背后的本质。马克思认识到，私人利益才是国家机关的灵魂，国家的统治、等级制度的存在等在本质上不过是大私有者进行统治、掠夺人民的工具而已。这样，马克思就开始将批判的视野超越意识形态纷争与哲学思考，而是转向现实社会，从最基本的人们生活生产的经济关系中寻找答案。1844年2月，马克思在所创办的《德法年鉴》中直接展开对德国旧制度的批判，其中刊载的《论犹太人问题》和《〈黑格尔法哲学批判〉导言》，表明了马克思正在转向共产主义者。对于当时的各种社会改革家所提出的社会变革方案，马克思逐一从现实性出发指出了其根本缺陷。那些改革方案之所以行不通，原因在于他们总是在宣布一些适合任何时候的一劳永逸的决定，但这些决定却远远避开了群众，远离了实际。这种对未来的教条式的预言，恰恰反映出其在未来社会的认识上没有明确的结论。马克思研究思路的这一转向在

《1844年经济学哲学手稿》中得到了较充分的展露。在手稿中，他尝试着通过工资、资本与地租的关系去理解异化劳动现象，通过异化劳动与私有财产的相互关系去探索异化劳动的历史形成。

与马克思通过批判黑格尔法哲学完成思想转变不同，恩格斯的思想转变与其自身眼界的扩大和个人研究兴趣有很大的关系。恩格斯较早观察到当时的资本主义工商业运作情况，并且比马克思更早地受到英国资产阶级古典政治经济学的启发。通过对于英国社会现状的研究，恩格斯转向同情无产阶级，关心人类命运；而通过对资产阶级政治经济学的研究，恩格斯发现其中值得批判的东西太多，导致后者彻底沦为一种为资产阶级辩护的学说，这促使他的思想实现了转向。恩格斯发表在《德法年鉴》上的《政治经济学批判大纲》，就充分体现出了这种批判性思考，因而它也成为建立马克思主义政治经济学的最初尝试和第一篇文献。马克思对此给予了高度赞誉，甚至称其为"批判经济学范畴的天才大纲"，其杰出贡献就是抓住了资本主义社会制度的核心，即资本主义私有制是否合理性这一根本问题。恩格斯认为，资本主义私有制存在着其固有的内在矛盾，表明资本主义私人占有制本质上是不合理和非人道的。恩格斯还指出，资本主义经济制度的其他现象，如竞争、自由贸易、价值、地租等，其实都是资本主义私有制矛盾所带来的直接结果。

（四）理论探索与实践总结

马克思和恩格斯成为马克思主义者和无产阶级理论家，既是时代的呼唤，也是他们个人勇于社会实践和勤于理论探索的结果。马克思和恩格斯不是天生的唯物主义者，也并非生来就是无产阶级战士。他们之所以成为后人眼里的理论家和革命导师，根本原因在于他们创造了新理论，并用科学的理论指导和直接参与革命实践。

对唯心主义理论和旧哲学的批判，是马克思首先开展的工作。他运用新哲学提供的方法论武器，通过唯物主义来批判神学和宗教，继之用社会政治理论批判旧哲学和机器唯物主义，最后用政治经济学来批判社会现实和指导社会革命，这一艰苦探索历程直接体现在马克思和恩格斯所撰写的各类著作中。1844年2月发表在《德法年鉴》上的论文，是马克思和恩格斯完成从唯心主义转变为唯物主义、从革命民主主义转向共产主义的一个标志，表明了马克思主义思想的开端。1844年8月底，马克思和恩格斯在巴黎合写了《神圣家族》一书，接着又在布鲁塞尔合写了《德意志意识形态》。后者首次系统阐述了历史唯物主义的基本观点，阐明了生产力和生产关系基本矛盾的地位和作用，拨开了笼罩在经济基础之上的上层建筑的真正面纱，揭示了社会形态演进的规律，真正地实现了历史观上的伟大变革。在革命实践中，马克思、恩格斯不仅接受国际性工人组织"正义者同盟"的邀请，还直接参与同盟的领导工作，并将其改组为"共产主义者同盟"。马克思和恩格斯高度重视工人阶级政党的组织和建设工作，他们为共产主义者同盟起草了世界上第一个无产阶级政党的党纲——《共产党宣言》。1848年2月，《共产党宣言》发表，标志着马克思主义的公开问世。

共产主义者同盟解散后，马克思将理论研究作为自己的重点，着重探讨现代资本主义的内在经济规律，撰写了《资本论》手稿并出版了第一卷，系统阐述了剩余价值学说，揭示了资本主义生产关系的秘密。由此，剩余价值学说和唯物史观共同构成了马克思一生的两个伟大发现。1876—1878年，恩格斯写出了《反杜林论》，全面阐述了马克思主义理论体系，对马克思主义哲学、政治经济学和科学社会主义做了系统的阐述。1884年，恩格斯撰写《家庭、私有制和国家的起源》，揭示了私有制、阶级和国家产生的途径与形式，探讨了战争的起源和本质。晚年，恩格斯还撰写了《路德维希·费尔巴哈和德国古典哲学的终结》等著作，丰富和完善了马克思主义理论。

马克思和恩格斯不仅是理论家，还是无产阶级革命家。当1848年欧洲革命爆发时，马克思、恩格斯积极领导共产主义者同盟参与了这场革命。革命失败后，他们流亡英国并继续为各国工人运动担当顾问，通过对1848年革命经验的总结，丰富了无产阶级革命的理论。1864年9月，国际工人协会（第一国际）在英国成立后，马克思为协会起草了大量重要文件，成为第一国际的实际领袖和灵魂。1871年3月，巴黎工人起义并成立巴黎公社，马克思代表第一国际写出了著名的《法兰西内战》，高度赞扬了巴黎工人的伟大创举，科学总结了巴黎公社的历史经验。该书与几年后他写的《哥达纲领批判》一起，完整而系统地阐明了科学社会主义学说。

恩格斯不仅参加工人运动，1849年5月，他还亲身参加南德巴登和爱北斐特地区的几次激烈战斗，显示出卓越的军事才能。在马克思逝世后，恩格斯晚年肩负起指导国际共产主义运动的重担。1889年7月，在他的直接领导和关怀下，各国社会主义政党建立第二国际，进一步团结和发展了国际无产阶级的革命力量。他帮助和指导德、法、英等国社会主义政党开展反对左、右倾机会主义的斗争，先后写出《一八四五年和一八八五年的英国》《〈论住宅问题〉1887年第二版序言》《〈法兰西内战〉1891年版导言》《1891年社会民主党纲领草案批判》《〈英国工人阶级状况〉1892年英国版序言》等序文和书信，深刻地批判了各种机会主义思潮，指导各国党制定正确的纲领和策略。1894年恩格斯写作《法德农民问题》一文，指出无产阶级在争取实现无产阶级专政斗争中与农民结成联盟的必要性和可能性，进一步丰富和发展了马克思主义理论。

四、伟大变革：唯物史观与方法论革命

马克思主义的魅力之一，在于其宽广的视野和严谨的论证。马克思主义理论是人类最伟大的思想成就之一。作为人类精神殿堂里最璀璨的成果，马克思主义首先体现为一整套新的世界观，以及支撑新世界观的认识工具。它包含着一整套思想体系，涉及宗教、哲学、政治、历史、法律、经济学和国际关系等领域，并且随着时代的发展由其后继者不断拓展、补充和完善。

（一）新世界观

新世界观或唯物史观，是马克思主义的伟大贡献。恩格斯在《反杜林论》中，将马克思主义的唯物主义称为新唯物主义，并且强调它"已经根本不再是哲学，而只是世界观，这种世界观不应当在某种特殊的科学的科学中，而应当在各种现实的科学中得到证实和表现出来"[1]。这种新唯物主义，在大众眼里可以简化表述为"社会存在决定社会意识，生产力决定生产关系，经济基础

---

① 《马克思恩格斯文集》第九卷，北京：人民出版社2009年版，第146页。

决定上层建筑"。

世界观是人们对世界的根本看法。马克思主义的新世界观，建立在唯物主义基础之上，以坚持物质的第一性为基本出发点。从物质第一性出发，马克思揭示了长期笼罩在社会意识的神秘面纱背后的社会存在的本质。他将人们的认识归结为对客观世界的反映，从而为唯物史观奠定了理论前提。

马克思的唯物主义不同于以往的唯物主义，它是一种强调主观与客观相统一的唯物主义，是一种能动的、强调实践的唯物主义。在转向唯物主义的过程中，马克思曾批判过多种不同的机械的唯物主义观点。他嘲讽巴贝尔夫主义的观点，认为它是一种"粗陋的、不文明的唯物主义"；针对霍布斯的唯物主义，他认为其实质是一种"敌视人"的思想；他用"下流的唯物主义"指责林木占有者，认为这种唯物主义使"利益占了法的上风"。

马克思主义不仅继承了旧唯物主义的基本立场，并且完成了对它的超越。马克思主义"不是单纯地恢复旧唯物主义，而是把2000年来哲学和自然科学发展的全部思想内容以及这2000年的历史本身的全部思想内容加到旧唯物主义的持久性的基础上"[1]。

---

[1] 《马克思恩格斯选集》第三卷，北京：人民出版社2012年版，第517页。

旧唯物主义之所以需要被批判和被超越，原因在于它自身存在着重大缺陷。一方面，在旧唯物主义者的眼里，意识是被作为一种静态的存在物来看待的。在旧唯物主义的字典里，认识主体对客体的作用只是被动地反映。另一方面，在考察人类社会的历史史，旧唯物主义者却丢掉了唯物主义，将自己所批判过的唯心主义观点重新包装起来解释历史，没有将唯物主义贯彻到底，因而它只能是一种"半截子"唯物主义。

马克思主义世界观之"新"，在于它对传统世界观的彻底颠覆。马克思指出："人的思维是否具有客观的〔gegenständliche〕真理性，这不是一个理论的问题，而是一个实践的问题。"①马克思主义的世界观之新，来源于新的社会实践，立足于新的科学发现。这种建立在社会实践和科学发展的基础上的世界观，不仅凝结了人们对社会实践经验的不断总结，还从自然科学和社会科学的最新发展成就中汲取营养。恩格斯指出，马克思对费尔巴哈唯物主义的笔记提纲"作为包含着新世界观的天才萌芽的第一个文献，是非常宝贵的"②。以最新的自然科学和社会科学为基础，马克思重新确立了人的认识世界和客观世界之间、人类社会和自然界之间的关系，正确地勾勒和阐明了关于整个物质世界的科学图

---

① 《马克思恩格斯选集》第一卷，北京：人民出版社2012年版，第134页。
② 《马克思恩格斯文集》第四卷，北京：人民出版社2009年版，第266页。

景，还原和揭示了自然界和人类全部世界的本来面貌。20世纪以来现代科学的发展，现在已经一再充分证明了它的正确性。首先，这种新世界观科学地回答了"世界的本原"这一亘古问题，为研究人类社会基本问题和社会发展规律奠定了基础。其次，马克思运用唯物主义的基本原则，对人类社会历史及其发展的前提和条件进行了科学揭示。最后，这种新世界观完成了对唯心主义的驱逐，结束了唯心主义对历史观的长期统治，从而成为一种最彻底的唯物主义。马克思指出："只要进一步发挥我们的唯物主义论点，并且把它应用于现时代，一个强大的、一切时代中最强大的革命远景就会立即展现在我们面前。"①

马克思新世界观之"新"，在于科学揭示了历史发展的内在规律，正确反映了人类社会发展的趋势。这种唯物主义历史观，不是将人类生活和社会历史建构在某种凭空的推演或想象之上，也不是凭借道德观念的虚构对历史进行演绎。相反，这种新世界观是立足于真实的人类生活和历史进程，将近代以来欧洲在哲学社会科学和自然科学上的巨大成就作为自己的坚实基础。如果说，马克思的新唯物主义有逻辑预设的话，那么这种预设也是在还原历史的真实。在《德意志意识形态》一书中，马克思指出：

---

① 《马克思恩格斯选集》第二卷，北京：人民出版社2012年版，第9页。

"在思辨终止的地方，在现实生活面前，正是描述人们实践活动和实际发展过程的真正的实证科学开始的地方。"①由于强调历史科学的实证性，马克思创立的历史唯物主义必然是从人类的物质生产活动为根本立足点，将人类社会的发展和人与人之间各种复杂关系的演变置于物质生产活动的过程之中来考察。因此，唯物史观的根本特征之一，是从现实性的角度解释历史，将观念的发展变化与真实的历史结合起来，第一次科学地解释了人类社会形态的更替的内在规律。列宁指出："在我们还没有看见另一种科学地解释某种社会形态（正是社会形态，而不是什么国家或民族甚至阶级等等的生活方式）的活动和发展的尝试以前……唯物主义历史观始终是社会科学的同义词。"②

在早年，马克思本人对他的历史观有过一个简要表述。他指出："这种历史观就在于：从直接生活的物质生产出发阐述现实的生产过程，把同这种生产方式相联系的、它所产生的交往形式即各个不同阶段上的市民社会理解为整个历史的基础，从市民社会作为国家的活动描述市民社会，同时从市民社会出发阐明意识的所有各种不同的理论产物和形式，如宗教、哲学、道德等等，

---

① 《马克思恩格斯文集》第一卷，北京：人民出版社2009年版，第526页。
② 《列宁选集》第一卷，北京：人民出版社2012年版，第10页。

而且追溯它们产生的过程。"①马克思的论述表明，要了解历史，必须先理解现实，只有从现实的人的实践活动为出发点，才能真正地解释历史活动。而现实归根到底是人的现实，而非神、理性、虚构的现实。只有"现实的人"，即蕴含着历史尺度的人，才能成为主体，成为现实的唯一物质承担者。

历史唯物主义中的现实的人，是一种多维度的历史性存在，其中包括经济、文化、政治、伦理道德、思想观念等各种要素，而经济因素在其中起基础性作用。就人类社会生活而言，物质生产实践是最基本的形式。历史在人的实践活动中生成，更是在人类物质生产实践的基础上生成，物质生产起着决定性作用。在社会发展中，与物质生产实践相联系的交往形式（特别是商品交换关系）共同构成历史的基础。而社会意识和上层建筑，如政治、宗教、哲学、道德等，只能在物质生产实践的基础进行解读，追溯其历史发展和演变。

当然，新唯物主义视野中的现实，并不完全等同于历史事实自身，而只能是反映历史发展趋势的主要因素。唯物史观所主张的核心要点立足于历史趋势论。在这一点上，它不同于历史还原论。美国历史学家卡尔·贝克尔认为，"历史领域是一个捉摸不

①　《马克思恩格斯文集》第一卷，北京：人民出版社2009年版，第544页。

定的领域，它只是形象地被再创造，再现于我们头脑中"。贝克尔还认为，"历史事实在某些人的头脑中，不然就不存在于任何地方"①。这种还原论试图从历史细节的真实来论证历史，而非从现实的真实来解释历史，与马克思的方法显然是格格不入的。

马克思通过批判资产阶级政治经济学，揭示了现实的人的活动及其与世界历史的关系。在马克思看来，整个所谓世界历史，在本质上不过是人通过自身的劳动而现实地生成的过程。人的思维意识和精神生活的发展也同样如此，它在历史中也是被现实的人所理解、所认识，因而也体现为不断生成的运动。换言之，人的存在是被客观世界的运动进程所规定着的，它总是历史性地存在，而全部人类历史终究不过是不同生存条件下、不同世代的人的具体存在方式的延续和结合。

马克思的新世界观之所以"新"，在于它对未来的新世界抱有开放和欢迎的态度，总是着眼于改变现存的世界。在马克思看来，世界可以改变，也一直在改变。他拒绝一切旧哲学家的传统，反对躲在书斋里"解释世界"，他主张立足社会的人类来"改变世界"，马克思本人将这一新世界观命名为"新唯物主义"。马克思的新唯物主义，在解释历史时不是基于德国唯心主

---

① ［美］卡尔·贝克尔：《什么是历史事实？》，段涓译，载张文杰编：《现代西方历史哲学译文集》，桂林：广西师范大学出版社2002年版，第287页。

义的思辨方法，如黑格尔那样将历史活动看作精神活动的产物；也不同于费尔巴哈唯物主义，将现实简单地等同于直观的、感性的对象。历史唯物主义的新世界观，"不是从观念出发来解释实践，而是从物质实践出发来解释各种观念形态"①。在这里，人们的实践活动和社会历史发展过程，第一次成为新唯物主义的研究对象，新唯物主义从而也成为一门真正的实证科学。

在《〈政治经济学批判〉序言》中，马克思对唯物主义历史观的基本原理作了比较完整和经典的表述。马克思指出："人们在自己生活的社会生产中发生的一定的、必然的、不以他们的意志为转移的关系，即同他们的物质生产力的一定发展阶段相适合的生产关系。这些生产关系的总和构成社会的经济结构，即有法律的和政治的上层建筑竖立其上并有一定的社会意识形式与之相适应的现实基础。物质生活的生产方式制约着整个社会生活、政治生活和精神生活的过程。不是人们的意识决定人们的存在，相反，是人们的社会存在决定人们的意识。社会的物质生产力发展到一定阶段，便同它们一直在其中运动的现存生产关系或财产关系（这只是生产关系的法律用语）发生矛盾。于是这些关系便由生产力的发展形式变成生产力的桎梏。那时社会革命的时代就到

---

① 《马克思恩格斯文集》第一卷，北京：人民出版社2009年版，第544页。

来了。"①可见，由存在决定意识的唯物主义原理引申出人们的社会存在决定人们的意识，又从社会存在引申出物质生活的生产方式，从而将社会生活、政治生活和精神生活的过程归结为物质生活的生产方式决定，并在此基础上引申出生产关系的总和构成社会的经济基础，即有上层建筑竖立其上的经济基础；马克思再由物质生活生产方式揭示出生产关系与生产力的矛盾；生产关系与生产力的矛盾，最终将使旧的社会经济形态为较高级的新的社会经济形态所代替。

在马克思主义学说中，静态的、不变的社会形态并不存在。其历史视野是宽广的。通过这种宽广的视野，在研究社会历史发展时，马克思认为应从整体上把握社会基本矛盾。由于经济因素在人类社会发展中起到的基础性作用，马克思强调物质生产的重要性，将生产力作为社会发展的根本动力，将生产力和生产关系的矛盾作为社会的基本矛盾来考察。在此基础上，进一步研究经济基础和上层建筑的矛盾运动。通过这种新视野，马克思全面准确地把握了社会的总体面貌和发展方向。从生产力和生产关系的矛盾，马克思揭示了人类社会演进的一般规律，科学回答了从原始社会、奴隶社会发展到封建社会、从封建社会转向资本主义社

---

① 《马克思恩格斯选集》第二卷，北京：人民出版社2012年版，第2—3页。

会的根本原因，并阐述了从资本主义社会向社会主义社会、共产主义社会演进的客观必然性。

（二）方法论革命

马克思主义的方法论，即辩证唯物主义或唯物辩证法，是马克思主义最核心的要素。唯物辩证法为唯物史观的确立奠定了根基和前提。唯物辩证法的提出，如一道闪电，划破了一切旧哲学在思辨领域的黑暗。相对于唯心主义的辩证法，唯物辩证法是积极的、实践的，因而也是批判的和革命的。

辩证的法则人们很早就有所认识。在中国古代，道家思想中就蕴藏着大量朴素的辩证思想，如老子就提出"反者道之动"等观点，认为"有无相生，难易相成"，相互对立的事物和概念之间存在着互相依赖关系。道家还认为，矛盾对立双方之间存在着互相转化的可能，如"祸兮，福之所倚；福兮，祸之所伏"等。概言之，事物的发展规律是向自己相反的方向转化，即自我否定。这些朴素的辩证思想曾给欧洲的学者以启发。

在欧洲，辩证法经过康德、费希特等人的发展，在黑格尔那里达到了顶峰。但黑格尔辩证法的最大缺陷，是将现实的本质性规定化为理念。他从理念和精神运动出发，强调思想是逻辑本身的产物，主张绝对精神创造了现实，认为绝对精神最佳自我外化为自然界。这是一种对客观世界的颠倒式的反映。不过，在黑格尔理论的"神秘外壳"中，存在着积极的"合理内核"，因为它彻底埋葬了康德、费希特纯粹形式主义的辩证法。在此以后，凡是主张"现实与理性的和解"的观点都成了笑谈。

马克思的唯物辩证法，没有在坚持唯物主义时照搬费尔巴哈的观点，而是摒弃了后者在辩证观上的不足。费尔巴哈也讲辩证观，但其辩证观具有消极性的一面。费尔巴哈在坚持唯物主义时，主张要从抽象王国走向现实王国，用人和自然来替代绝对精神，这是值得肯定的。但是，费尔巴哈强调的物质第一性，仅仅停留在诉诸直观形式和感性世界的层面，而没有深入到认识主体。他忽视了人和"人的自然"作为主体的历史生成过程，其实也是一种不断否定的辩证过程。马克思则指出，人的感性对象性活动在历史生成中具有决定性的作用。马克思揭示出人的感性对象活动蕴含着深刻的"否定性"，这种否定性是人类借以消除异化状态的必要环节。

马克思用唯物主义对黑格尔的辩证法进行了科学的改造。马克思对黑格尔的辩证思想给予了高度肯定。他指出，辩证法的革命性就在于，"辩证法在对现存事物的肯定的理解中同时包含对现存事物的否定的理解，即对现存事物的必然灭亡的理解"①。但

---

① 《马克思恩格斯文集》第五卷，北京：人民出版社2009年版，第22页。

黑格尔的理论局限在于，他将辩证法神秘化了。马克思在《资本论》中指出，"我的辩证方法，从根本上来说，不仅和黑格尔的辩证方法不同，而且和它截然相反"，"观念的东西不外是移入人的头脑并在人的头脑中改造过的物质的东西而已"[①]。马克思认为，黑格尔的辩证法陡然具有抽象形式，严重脱离了实际，因此是一种逻辑的、泛神论的神秘主义。黑格尔所说的"否定"，没有任何实质内容，仅停留在抽象的和思辨的层面上，因而是一种自说自话。它并不会触动事物分毫，在变革现实世界方面毫无作为，不可能起到一丁点儿作用。

在总结自然科学和社会科学最新发展成果基础上，结合对思维科学的深入分析，马克思创立了辩证唯物主义即唯物辩证法。与黑格尔不同，马克思的唯物辩证法认为，所谓意识，始终不过是被意识到了的存在。存在先于意识，存在是意识的载体，因此意识一刻也离不开对物质的依赖。马克思让辩证法从抽象的、思辨的王国重返人间，将人类社会自身和外部世界理解为感性实践的创造物，从而体现出辩证法的革命意义。

恩格斯对唯物辩证法有着进一步的更具体的深入阐释。他认为，马克思的唯物辩证法是自然、社会、历史和思维的规律。在

---

① 《马克思恩格斯选集》第二卷，北京：人民出版社2012年版，第93页。

某种意义上，辩证法涉及方法论、认识论和本体论。它们实质上可归结为下面三个规律：量转化为质和质转化为量的规律；对立的相互渗透的规律；否定的否定的规律。[①]

对立统一规律是唯物辩证法的核心，它所揭示的事物内部矛盾推动事物变化的规律是唯物辩证法的最基本的规律。马克思主义认为，矛盾的存在是一种普遍现象，万事万物都有矛盾，没有矛盾事物就不可能存在。有无相生，黑白对立，这是一种普遍现象。人类社会也是如此，现实社会的经济关系总是由对立统一的因素形成的，统一之中有对立，互相对立的方面又互相地联系着。如买卖是对立的，但它们共同构成市场行为下的商品交换，买卖的对立互相统一于经济交换关系之中。更进一步地说，社会经济关系中的对立统一方，不仅存在着矛盾和对立，对立着的双方还在一定的条件下存在相互间的转化趋势，如劳资关系、供求关系、自由竞争与垄断关系、公有制与市场经济关系、公平与效率关系，等等，这些都必须从对立统一上来认识。

质量互变规律是唯物辩证法的主要规律之一。质量关系体现着事物本质规定的稳定性和变化条件，它是反映事物变化过程和趋势的规律。唯物辩证法认为，任何事物都是处于运动过程之中的，是

---

① 《马克思恩格斯选集》第三卷，北京：人民出版社2012年版，第901页。

时刻变化着的。但这种运动和变化有一定的规律，即事物的运动只有达到一定限度，事物的变化量只有达到一定程度，事物本身的性质才有可能发生变化。事物的质变完成以后，又会处于相对的稳定性，这时可以保持其基本性质，而仅仅有数量层面的变化。这个过程总体上就体现为，事物运动可以由量变引起质变，也会由质到量产生变化。比如，水在受加热情况下运动，会变化成为水蒸气；蒸汽冷凝后会变成水，继续冷凝会结冰。还比如，当前我国的经济新常态，其内涵之一就是经济增长从高速转向中高速，强调提质增效，而非GDP的增速，这属于经济发展中的量与质的变动关系。

否定的否定规律是反映事物运动方向和趋势的规律。唯物辩证法认为，事物的否定或者变化，不是没有依据和规律的，它之所以变化是因为其内部因素和外部条件共同起作用的结果，而内部不断产生的对立因素则起到主导作用。任何事物，在其运动达到一定阶段和一定程度后，就为其内部所蕴藏着的对立因素所否定，该事物的进一步运动，又为其中对立的新的因素所否定。这样，事物就从低级到高级，由简单到复杂，螺旋式地向前发展，这构成了否定的否定。如自由竞争与私人垄断、国家垄断与国家垄断的关系，个体所有制、合伙所有制、私人股份制、合作所有制、集体所有制、国家所有制和国际所有制等演变，均属于否定的否定的发展。

马克思主义所确立的唯物辩证法，之所以能够作为现代社会科学和历史科学的方法论前提，之所以能够作为科学研究赖以遵循的重要规律，主要是因为它能够被人们科学地运用，作为观察和分析社会及客观世界的有效工具。马克思本人就是运用唯物辩证法的高手，他在对资本主义社会矛盾运动的分析中，就充分地运用了唯物辩证法及其主要规律，揭示了资本主义必然灭亡的规律。在《资本论》中，马克思不仅重视质的分析，从事物本质层面研究经济现象与相应概念的内涵，而且重视量的分析，通过数学的运用来把握相关经济范畴的界定及其转化。马克思不仅分析使用价值与价值、具体劳动与抽象劳动，还分析物的人格化和人格的物化、剖析价值背后所隐藏的私人劳动与社会劳动的对立，揭示商品的内在矛盾运动规律，从而最终阐明商品生产者之间的社会关系。马克思从商品的使用价值和价值的矛盾出发，探讨相对价值形式与等价形式的矛盾；马克思从商品的内在矛盾表现出发，分析商品与货币的外部对立。马克思从买与卖的行为区别出发，探讨买者和卖者的矛盾及货币中介的作用，阐明了商品的外在矛盾运动。以此商品内在矛盾和商品与货币间的矛盾为基础，马克思进一步分析了资本的矛盾运动，揭示了货币转化为资本的运动、资本转化为剩余价值的运动；分析了资本主义生产过程的矛盾运动，阐明了劳动过程与价值增殖过程的统一、绝对剩余价值与相对剩余价值的关系。马克思还利用数学计算，探讨了剩余价值量存在的约束条件和表现形式。正是在上述基础上，马克思才完全地揭示出资本主义基本矛盾及其展开形式的运动，即生产社会化与生产资料资本主义私人占有之间的矛盾、两大部类中生产与需求之间的矛盾、剩余价值生产与剩余价值实现之间的矛盾、人口相对过剩与资本相对过剩之间的矛盾、生产扩大与资本增殖的目的之间的矛盾等运动过程。

在某种意义上，《资本论》理论体系的构建过程就是在资本主义条件下运用唯物辩证法分析社会问题的过程。这一过程在理论和逻辑层面展开，直接体现为相关经济范畴的辩证转化过程，因而也体现为从抽象上升到具体的叙述过程。这一过程，"只是思维用来掌握具体、把它当做一个精神上的具体再现出来的方式"，也即"抽象的规定在思维行程中导致具体的再现"[①]。在《资本论》中，经济范畴间的转化是无处不在，而且是始终居于核心地位的。从商品转化为货币、货币转化为资本，到资本转化为剩余价值；从单个资本循环转化为单个资本周转，到单个资本转化为社会总资本；从不变资本与可变资本之和转化为成本价格、剩余价值转化为利润，到利润转化为平均利润、价值转化为生产价格，剩余价值转化为企业主收入、商业利润、银行利息、

[①]　《马克思恩格斯选集》第二卷，北京：人民出版社2012年版，第701页。

地租。所有的经济现象都处于运动之中，所有的经济范畴都在不断地转化，在叙述中呈现出由抽象上升到具体、从简单上升到复杂的特点。可以说，整个《资本论》理论体系，就是在这些经济范畴发生辩证转化的基础上构建起来的。没有唯物辩证法，马克思的第二个伟大发现就不能得到科学、完整和彻底的说明。不运用唯物辩证的方法论，资本主义的经济总过程就不可能得到真正的说明，剩余价值理论的科学性就不会显现。

本章小结

马克思主义是认识世界、改造世界的科学真理，是无产阶级的科学理论体系和共同事业的总称。马克思和恩格斯作为创始人，在马克思主义产生和发展中发挥了决定性作用。马克思主义并非横空出世，而是具有深刻的社会根源、阶级基础和思想渊源。德国古典哲学、英国古典政治经济学和英法两国的空想社会主义，共同构成马克思主义的三大理论来源。马克思主义是19世纪无产阶级运动的直接产物。唯物辩证法即辩证唯物主义是马克思主义的基本方法。唯物史观即唯物主义历史观的确立，实现了社会科学的彻底变革。马克思主义是现代自然科学和社会科学最新成就基础上产生的完整科学学说，是指导无产阶级革命斗争的思想武器，是我们立党立国、兴党强国的指导思想。

第二章

多彩的族谱

——马克思主义的不同定义

什么是马克思主义，不同的立场、不同的人群以及不同时代的人可以进行不同的定义。马克思主义的定义有很多，翻开马克思恩格斯全集，每个人都可以在某个段落寻找到自己心中的那个马克思。马克思生前没有对马克思主义作出过定义，恩格斯则在不同场合、从不同角度对马克思主义作过多次说明，如共产主义是"关于无产阶级解放的条件的学说"[①]，是"关于现实的人及其历史发展的科学"[②]。

马克思主义的浩瀚文献，为人们作出不同的解读提供了土壤。在《马克思主义者》一书中，美国社会学家赖特·米尔斯甚至直接断言说："人们对马克思的确没有一个统一的认识；每一个研究者必须通过自己的努力去认识马克思。"[③]但据此就下结论说，马克思主义没有统一定义，也失之偏颇。马克思主义的立场

---

① 《马克思恩格斯选集》第一卷，北京：人民出版社2012年版，第295页。
② 《马克思恩格斯选集》第四卷，北京：人民出版社2012年版，第247页。
③ ［美］米尔斯：《马克思主义者》，商务印书馆编辑部译，北京：商务印书馆1965年版，第39页。

和观点是如此鲜明，容不得有半点含糊。只要人们提到马克思主义，一些核心要素和内容是不可回避的。

一、为谁而歌：劳动人民的福音书

马克思主义与无产阶级的命运是始终紧密联系在一起的。自从诞生以来，马克思主义就成为精神圣殿，让亿万劳动人民从中汲取不尽的营养。马克思的思想是不朽的，因为马克思主义所开辟的，是劳动人民解放的伟大事业。

马克思主义是劳动人民的福音书。尽管马克思本人指出，他在《资本论》中阐述的是"资本的政治经济学"，但他更期望"劳动的政治经济学"在未来社会中被构建并发挥作用。马克思的"资本的政治经济学"致力于对资本主义的批判，他的著作中包含着大量对未来共产主义社会的美好向往，这些都建立在唯物史观的基础之上，更是建立在对劳动人民的深切关注和赞美基础之上。

（一）鲜明的阶级立场

在社会科学中，无论是显性还是隐藏，作者的立场永远存在于文本表述和价值指向之中。在认识世界和改造世界过程中，人们永远需要一个立足点和出发点，从而就构成了立场。相对于客观世界这一客体，处于社会历史中的人作为主体看法和行为具有能动的反映性。实际上，由于人们所处的社会政治经济地位不同，自身利益趋向不同，必然决定了其对世界的看法不同，从而改造世界的方法存在差异。

任何理论和学说在诞生之初都是研究者个人思想的产物，但同时它也是那个时代的产物。罗伯特·索洛在《经济学中的科学和意识形态》中曾提出："不论社会科学家的意愿如何，不论他是否观察到这一切，甚至他力图避免它们，他对研究主体的选择，他提出的问题，他没有提出的问题，他的分析框架，他所使用的语言，很可能在某种程度上反映了他的（阶级）利益、意识形态和价值判断。"在社会科学领域，任何一种理论体系和方法论都有着强烈的或隐含的价值导向，马克思主义同样如此。从价值观念的立场看，马克思主义可以被定义为劳动人民的价值观，它是反映无产阶级理想、文化和价值观的思想体系。

马克思对劳动人民抱有深深的同情，他从历史唯物主义出发，将社会实践特别是生产实践的主体作为自己理论的落脚点。在早期著作中，马克思就直接阐明："德国人的解放就是人的解放。这个解放的头脑是哲学，它的心脏是无产阶级。哲学不消灭无产阶级，就不能成为现实；无产阶级不把哲学变成现实，就不可能消灭自身。"①无产阶级的解放是马克思主义哲学的直接指向。马克思主义具有的阶级性，主要体现在它始终为无产阶级服务，从无产阶级的立场和利益出发看待世界，解决现实问题。

无产阶级在解放事业中，只有团结起来才能取得胜利。无产阶级的统一行动，只有在他们统一自己的思想以后才有可能。马克思主义为全世界无产阶级提供了真正的思想武器。在马克思主义产生以前，被压迫阶级的反抗总是诉诸单纯的道德诉求，或者是借助宗教或迷信的外衣，或者直接依托个别社会集团的利益。即使空想社会主义者提出了废除私有制的口号，但也没有提供出科学的论证和无产阶级解放的现实出路。

与过往的理论或口号相区别，马克思主义用以指导无产阶级解放的理论，是建立在科学的世界观、方法论和对人类社会发展规律的揭示基础上的。"哲学把无产阶级当做自己的物质武器，同样，无产阶级也把哲学当做自己的精神武器。"②无产阶级的阶级地位决定了它的根本利益同人类社会发展的客观规律是完全一致的。马克思主义产生于无产阶级争取自身解放，实现其历史使命的实践需要，代表着无产阶级与全人类的利益，"科学越是毫

---

① 《马克思恩格斯文集》第一卷，北京：人民出版社2009年版，第18页。
② 《马克思恩格斯文集》第一卷，北京：人民出版社2009年版，第17页。

无顾忌和大公无私，它就越符合工人的利益和愿望"①。

马克思主义的革命性不是单纯来源于它对工人阶级的同情、号召和鼓动，而是来自它对资本主义所进行的科学的、理性的和无情的批判，马克思主义的革命性与科学性达到了高度统一。列宁指出，马克思主义"对世界各国社会主义者所具有的不可遏止的吸引力，就在于它把严格的和高度的科学性（它是社会科学的最新成就）同革命性结合起来，并且不仅仅是因为学说的创始人兼有学者和革命家的品质而偶然地结合起来，而是把二者内在地和不可分割地结合在这个理论本身中"②。马克思主义从幽暗的历史深处探索出了现代社会发展的客观规律，展示了人类社会未来发展的光明前景，给无产阶级指明了斗争方向。

（二）科学的群众史观

是谁创造了人类世界？是我们劳动群众！

一切归劳动者所有，哪能容得寄生虫？

这是人们耳熟能详的《国际歌》中的一段歌词，作词者是法

---

① 《马克思恩格斯文集》第四卷，北京：人民出版社2009年版，第313页。
② 《列宁全集》第一卷，北京：人民出版社2013年版，第291页。

国革命家、工人诗人和巴黎公社主要领导人之一的欧仁·鲍狄埃。歌词鲜明地表达了劳动群众求解放的心声，也体现了马克思主义关于人民群众历史角色的科学阐释。

马克思主义的唯物史观认为，生产力和生产关系的矛盾运动决定着历史进程。将唯物史观坚持到底，必须认识到劳动者才是生产力中最核心的、最活跃的要素，才是社会生产关系的最终承载主体。人民创造历史，是唯物史观的理论精髓。在马克思主义产生以前，谁是历史的主体和谁真正地创造了历史的问题一直被统治阶级掩盖了。统治阶级出于维护自身利益的需要，杜撰和编造了各种学说，这些学说将劳动群众看作群氓，看作只能被他人支配的角色。上帝或神创造了世界，从而也创造了历史的唯心主义学说曾盛行一时，统治阶级还将个别历史人物的作用无限夸大，用英雄创造历史等观点愚弄人民。即使非宗教立国的中国，也是让帝王将相成为创造历史的主角。在旧历史观中，普通劳动者要么是无足轻重的配角，躲在历史的阴影里；要么是在历史的长河里失去踪迹，被人遗忘。

谁是历史的真正创造者？在哲学层面，围绕这一问题的追问其实由来已久。历史创造者的问题，与人类的自我认知是相互关联的，它关系到人类的未来命运。众所周知，欧洲文艺复兴前的神学观念，垄断了历史创造者的解释权。文艺复兴后，人类的理性一跃成为时髦之物，成为资产阶级开展思想启蒙的神器。黑格尔将这种理性主义推崇到极致，化身为本体论。他视精神为人的真正的本质，把人看作非对象性、唯灵论的存在物，将抽象思维运动等同于世界历史运动。当讨论"创造世界的主体是谁"时，黑格尔只能将历史前进动力归结为意志、愿望和激情等抽象精神。表面看来，黑格尔扬弃了宗教和神学观念。但在他的学说中，宗教和神学观念通过唯心主义复活了。这种复活的典型标志，就是在历史领域中为神学重新安置了"绝对精神"这样一个最后的避难所。

在分析历史现象时，马克思关注的是人，而不是神。马克思既看到了人类活动的社会性，也看到了人的历史活动的实践性。在此基础上，马克思重新对"人"这个概念进行了认真而全面的审视。他不是如以往的哲学家那样，从抽象的"精神世界"中去探寻人的本质。相反，他将眼光转向身边，在实践的"物质世界"中理解人的本质，从而建构起了群众史观。马克思认为，人们不能从虚无缥缈的精神世界出发，来解释社会历史的运动。相反，人们应当从现实和具体的范畴出发，来揭示世界历史创造主体这一难题，并探讨人的历史作用。

马克思的群众史观与中国古代的民本观有着本质的不同。中国古人特别是儒家学说中也主张重视民意，在一定程度上承认人民在历史发展中的作用。如，《尚书·泰誓》中说，"天视自我民视，天听自我民听"；《荀子·王制》中说，"水可载舟，亦可覆舟"；《孟子·尽心下》中有"民为贵，社稷次之，君为轻"等语。但这些都是借用人民的名义，为了维持统治者的统治，或者为了寻找统治的合法性而说的。人民在他们的眼里，不过是帝王的陪衬而已。人民的物质生产主体地位和人民历史活动主体地位，在旧的人本观和民本观里并不存在。因此，在旧历史观里，群众永远不可能是主角，甚至是缺席的。

只有马克思主义，第一次真正地将普通劳动者推上历史创造者的崇高地位，改变了延续数千年的错误认知。群众史观是和唯物史观相一致的，它在历史观层面确立了劳动人民的主体形象和主角地位。马克思和恩格斯指出，过往的一切历史活动，其主体永远是劳动大众，因而历史归根到底是群众的事业。决定历史进程的，只能是而且永远是现实存在着的群众，是在实践中行动着的群众。离开亿万群众的实践，就不可能解释历史的由来，也无从判断历史的最终走向。习近平总书记指出："江山就是人民，人民就是江山，人心向背关系党的生死存亡。"①

马克思主义的群众史观，其核心主张是将人民群众看作推动社会变革和进步的决定力量。马克思主义认为，人民群众既是人

---

① 习近平：《在党史学习教育动员大会上的讲话》，北京：人民出版社2021年版，第15页。

类物质财富的创造者和生产者，又是精神文化特别是先进文化无限丰富的源泉。人民群众的这种作用，决定了他们在历史中的主人公地位。马克思主义还认为，人民群众创造历史与英雄人物在历史进程中的巨大作用并不存在矛盾，因为英雄人物来自人民，代表人民。揭开历史的面纱，在历史事件和政治人物行为的背后，总是隐藏着人民群众的利益、意志、愿望和要求，只有顺应人民群众的要求，英雄人物才能创造历史。这样，就第一次科学地阐明了人民群众在社会历史发展中的巨大作用。

（三）先进的政党理论

马克思主义是无产阶级的世界观，是关于无产阶级解放的学说。自从马克思主义诞生之日起，无产阶级就找到了自己的思想圣殿。列宁指出："马克思学说中的主要的一点，就是阐明了无产阶级作为社会主义社会创造者的世界历史作用。"[①]

通过对资本主义生产关系和生产过程的分析，马克思揭示了现代资本主义社会中无产阶级被剥削、被奴役的根源，指出了雇佣劳动制度和资本主义私人占有制的本质，从而为无产阶级指明了一条摆脱压迫剥削和精神奴役的出路。马克思指出，雇佣劳动

---

① 《列宁选集》第二卷，北京：人民出版社2012年版，第305页。

制度的废除与消灭生产资料的资本主义私人占有制两者是联系在一起的，无产阶级不是消灭一般的私有制，而是消灭那种用他人财产来占有他人劳动的私有制，即消灭资本主义的私有制，这样就第一次科学阐明了无产阶级在整个资本主义制度中的真正地位和所要承担的历史使命。马克思指出："如果我们的任务不是构想未来并使它适合于任何时候，我们便会更明确地知道，我们现在应该做些什么，我指的就是要对现存的一切进行无情的批判，所谓无情，就是说，这种批判既不怕自己所作的结论，也不怕同现有各种势力发生冲突。所以我不主张我们树起任何教条主义的旗帜，而是相反。我们应当设法帮助教条主义者认清他们自己的原理。"[①]

马克思和恩格斯阐明了历史上阶级斗争始终存在的事实，但他们的更大贡献在于，他们科学地论证了现代社会中阶级斗争的性质和指向，即无产阶级和资产阶级的斗争，将是人类社会中最后一个阶级斗争的形式。马克思和恩格斯还从理论上阐释了政治斗争和社会革命的巨大作用。他们科学地指出，无产阶级革命的首要任务是夺取政权，只有争得自己的统治地位，才能最终解放自己，并通过自身的解放来解放全人类。1845年，根据当时历史

---

① 《马克思恩格斯全集》第四十七卷，北京：人民出版社2004年版，第64页。

的具体条件变化，马克思和恩格斯在《德意志意识形态》中就提出无产阶级必须通过革命夺取政权的思想。通过对历史上阶级斗争的经验总结，他们将这一思想简要概括为："每一个力图取得统治的阶级，即使它的统治要求消灭整个旧的社会形式和一切统治，就像无产阶级那样，都必须首先夺取政权，以便把自己的利益又说成是普遍的利益，而这是它在初期不得不如此做的。"[①] 三年后，他们在《共产党宣言》中总结了1848年以前西欧各国无产阶级革命的实践经验后，进一步指出："工人革命的第一步就是使无产阶级上升为统治阶级，争得民主。"[②]

然而，无产阶级仅仅在思想层面上认识到自己的阶级地位和阶级使命，还是远远不够的。无产阶级要实现自己的历史使命，还需要自己的政党。《共产党宣言》奠定了马克思主义建党学说的基础。《宣言》对共产党的性质和特点进行了科学的论证，阐明了共产党的基本纲领和策略原则。马克思和恩格斯指出，在无产阶级与资产阶级的斗争中，只有共产党人才能始终代表整个运动的利益。不仅如此，马克思和恩格斯还将共产党和其他工人政党组织进行了区分。他们指出，在各国工人政党中，共产党人最坚决，

---

① 《马克思恩格斯文集》第一卷，北京：人民出版社2009年版，第536—537页。
② 《马克思恩格斯文集》第二卷，北京：人民出版社2009年版，第52页。

始终起推动作用，这是因为他们掌握了科学理论，对无产阶级运动的条件、进程和一般结果有充分的了解，从而胜过其余的无产阶级群众。在《〈共产党宣言〉1872年德文版序言》中，恩格斯又重申了马克思在《法兰西内战》中提出的重要原则，即工人阶级不能简单地掌握现成的国家机器，并运用它来达到自己的目的。而是应打碎旧的国家机器，实行工人阶级的专政。恩格斯所作的这一补充，进一步完善了无产阶级的建党学说。

马克思和恩格斯科学地界定了无产阶级革命运动的性质。他们指出，由于现代社会中，整个社会日益分裂成资产阶级和无产阶级两个阵营，使无产阶级运动在历史上第一次成为全人类的共同运动。概言之，过去的一切运动都是少数人的或者为少数人谋利益的运动，但无产阶级的运动是绝大多数人的、为绝大多数人谋利益的独立的运动。因此，无产阶级政党在这场运动中没有自己独立的利益，从而体现出马克思主义政党的先进性，顺应了历史发展的潮流。

1891年，恩格斯在《法兰西内战》再版时，又一次回顾和总结了法国大革命以来无产阶级运动的情况，对马克思在《法兰西内战》所阐述的思想做了进一步补充和发挥。他指出，无产阶级取得革命胜利、巩固革命胜利，都离不开无产阶级革命政党的领导。这个政党在理论上必须是成熟的，并需要采取果断的社会主义措施，致力于建立崭新的无产阶级国家。

共产党与马克思主义是天然联系在一起的。正是有了马克思主义的正确指导，共产党才能够从创立、成长到不断发展壮大，进而实现自己的历史使命。马克思主义不是书斋中的学说，它作为无产阶级和人民群众的认识工具，要指导革命人民的实践，必然要通过共产党的组织形式开展改造世界的活动。对于工人运动来说，马克思主义不仅发挥着改造客观世界的伟大作用，而且也发挥着改造主观世界的重要作用。

（四）人类解放的学说

马克思主义是致力于全人类解放的宏大理论体系，它关注的不仅是无产阶级的命运，还包括人自身的自由发展和全面解放，在更大程度上还涉及人和自然的和谐关系。马克思主义博大精深，具有跨越国度、跨越时代的影响力，其深刻根源在于蕴含着致力于人类解放的崇高理想。

在马克思之前，社会上占统治地位的理论都是为统治阶级服务的。马克思主义第一次站在人民的立场，探求人类自由解放的道路。马克思不是以道德的诉求为人们描绘一个虚幻的前景，而是通过逻辑严密的科学论证，揭示未来社会的发展方向。

科学社会主义是马克思主义的必不可少的重要组成部分。在马克思看来，科学社会主义和共产主义是一个名词，它的斗争指向就是共产主义，即建立一个生产力高度发达、没有剥削、消除两极分化的社会。在那样的社会里，社会生产将服务于所有人的需要，全体社会成员都能全面而自由地得到发展。科学社会主义的目标在某种意义上与其他社会主义有相似之处，但马克思主义所提出的达到目标的方法却是不同于后者，这是它之所以成为科学的关键。在科学社会主义理论产生之前，空想社会主义者早已存在，他们怀着悲天悯人的情感，对理想社会有很多美好的设想。但是，由于他们没有立足于社会发展的客观规律，难以找到实现理想的有效途径，因而陷入不切实际的空想。马克思不仅创建了唯物史观，揭示了人类社会发展的一般规律，还创建了剩余价值学说对资本主义运行特殊规律进行了科学的说明。马克思主义所提出的通过无产阶级革命和专政，建立公有制和快速发展社会生产力，来增进全体人民福祉的科学途径，为人类自由解放指明了具体的道路。

马克思主义为无产阶级革命提供了科学的解释和全面论证。马克思指出，资本主义被社会主义所取代，是资本主义自身的内在矛盾所决定的，对这一内在矛盾的深刻揭示直接体现在剩余价值理论之中。剩余价值规律是资本主义社会的主要规律，它决定了资本主义社会矛盾在其自身范围和限度内不可能被克服，只有在社会共同占有生产资料后，剩余价值规律所决定的历史运动和恶劣后果才能被最终克服。可以说，自从马克思发现剩余价值理论以后，社会主义已经不再"被看做某个天才头脑的偶然发现，而被看做两个历史地产生的阶级即无产阶级和资产阶级之间斗争的必然产物"①。从这一理论出发，马克思指出，无产阶级解放和全人类解放是完全一致的。无产阶级作为现代最先进的阶级，足以担负起解放全人类的伟大事业。

在马克思主义指导之下，无产阶级运动将消除生产资料的资本主义私人占有制作为首要的任务，直指消灭剥削、实现人的自由全面发展这一最终发展目标。埋葬人剥削人的资本主义制度，是无产阶级的直接诉求。无产阶级建立自己的阶级统治，不是寻求永久地保持自己的统治地位，而是要创造条件使阶级和国家统治自动消亡，实现人类的最终解放和彻底的解放。马克思将共产主义作为未来社会的本质界定，以区别于社会主义者提出的改良方案。马克思认为，共产主义"不是从原则出发，而是从事实出发。共产主义者不是把某种哲学作为前提，而是把迄今为止的全部历史，特别是这一历史目前在文明各国造成的实际结果作为前提"②。马克思并不认为，在未来的共产主义社会将一成不变，而是也不断发展。因此，在实现共产主义、进行社会主义革命的过程中，也不应固守一定的教条，"正确的理论必须结合具体情况

① 《马克思恩格斯选集》第三卷，北京：人民出版社2012年版，第796页。
② 《马克思恩格斯文集》第一卷，北京：人民出版社2009年版，第672页。

并根据现存条件加以阐明和发挥"[①]。

马克思主义关于人类未来社会的科学设想，是从客观规律出发得出的，反映了人类社会实践的客观真理性。在人类发展史上，只有摒弃抽象的原则，坚持从事实出发，才能不断获得对事物的真理性认识。只有使理论与实际相联系，才能在实践中，并通过理论运用于实际来检验真理和发展真理。这也是马克思主义最重要的理论品质。

二、箕引裘随：马克思主义的历史实践

马克思主义自从诞生以来，就完全改变了世界的面貌。马克思主义始终是在人民的伟大实践中不断丰富和发展着的。要全面了解什么是马克思主义，需要在历史视野下来认识。

（一）名词和概念的统一性

把马克思主义作为一个专有名词概念来完整地理解，就不能脱离无产阶级运动的具体实践。列宁和斯大林根据无产阶级革命和社会主义建设实践需要，曾明确给马克思主义下过定义。列宁认为，马克思主义是"世界各文明国家工人运动的理论和纲

---

① 《马克思恩格斯全集》第四十七卷，北京：人民出版社2004年版，第35页。

领"①。斯大林给出的定义是："马克思主义是关于自然和社会的发展规律的科学，是关于被压迫和被剥削群众的革命的科学，是关于社会主义在一切国家中胜利的科学，是关于建设共产主义社会的科学。"②毛泽东、邓小平在新的历史条件下对什么是马克思主义有过多次明确说明。毛泽东指出："马克思列宁主义是马克思、恩格斯、列宁、斯大林他们根据实际创造出来的理论，从历史实际和革命实际中抽出来的总结论。"③

在马克思恩格斯之后，思想史上曾出现过很多标榜马克思主义的学派，尽管他们均自称为真正的马克思主义，但却主张不同，观点殊异。西方曾经兴起一股思潮，将马克思和恩格斯的思想相割裂，但通观马恩原著，这种观点不仅经不起推敲，而且也被马克思和恩格斯自己的说法所否定。在马克思主义的产生和发展中，恩格斯作为"第二小提琴手"所承担的角色和发挥的重要作用，如铁一般的事实一样向人们表明，其工作他人无法取代，其贡献也无法撼动。因此，围绕这一问题所产生的各种噪音，很快就湮没在历史的长河中，而不为人们所重视了。

马克思主义概念不能被泛化和滥用。"肢解马克思主义"和

---

① 《列宁选集》第二卷，北京：人民出版社2012年版，第418页。
② 《斯大林选集》下卷，北京：人民出版社1979年版，第538页。
③ 《毛泽东选集》第三卷，北京：人民出版社1991年版，第814页。

"用马克思来否定马克思主义"，是解读马克思主义最容易产生歧义的一个误区。随着马克思《1844年经济学哲学手稿》的发表，从20世纪30年代起，重新解释马克思主义逐渐成为西方马克思主义研究的一个热潮。马克思主义由此被贴上了各种限定性的前缀，或者各种新的时尚标签，诸如"异化论的马克思主义""人道主义的马克思主义""伦理学的马克思主义"，乃至"结构主义马克思主义""存在主义马克思主义""弗洛伊德马克思主义""现象学马克思主义""生态学马克思主义"，等等，不一而足。

伪造马克思主义来反对马克思主义，也是马克思主义发展中始终面对的挑战。西方学术史上所谓"马克思的第二次降世"，就是在此背景下产生的。他们将加工过的论述或者伪造和杜撰的思想观点强加给马克思，如新黑格尔主义、存在主义、实用主义、结构主义等学派对马克思的"新解"，还有新康德主义、新实证主义、弗洛伊德主义、基督教和法兰克福学派等对马克思的曲解，都是如此。列宁一眼就看穿了这些人的本质，他们"从折中主义残羹剩汁里获得自己的哲学，并且继续用这种东西款待读者。他们从马赫那里取出一点不可知论和唯心主义，再从马克思那里取出一点辩证唯物主义，把它们拼凑起来，于是含含糊糊地说这种杂烩是马克思主义的发展"[1]。

---

① 《列宁选集》第二卷，北京：人民出版社2012年版，第153页。

实际上，这些人的目的是很清楚的，他们是想打造一个对现代资本主义社会来说是"无害的马克思"。

对马克思的各种解读，其最大后果是扰乱了无产阶级的视线，将马克思主义作为专有名词的统一性肢解掉。赖特·米尔斯甚至直接断言说："马克思没有得到人们的统一认识。我们根据他在不同的发展阶段写出的书籍、小册子、论文和书信对他的著述作出什么样的说明，要取决于我们自己的利益观点，因此，这些说明中的任何一种都不能代表'真正的马克思'。"①这种观点如果成立，那么对马克思主义的定义，就不是从马克思恩格斯的思想出发，而是取决于这一思想的研究者。由此，马克思主义作为一个统一的名词就被肢解了，这在实践中显然给人们正确把握马克思主义带来了极大的思想混乱。

对马克思主义的理解涉及对马克思主义创始人思想的态度。毋庸置疑，马克思主义作为一整套完整的、革命性的思想体系，其本质属性永远具有现实性，是在当代社会生活中仍然起作用的思想体系。然而，在教条主义者和本本主义者看来，马克思主义只能局限于马克思和恩格斯本人的论述，超越这一范围，就不是马克思主义。如果马克思主义只能是这样一种"本本主义"，只

---

① ［美］米尔斯：《马克思主义者》，商务印书馆编辑部译，北京：商务印书馆1965年版，第39页。

是一种仅仅反映历史陈迹的思想体系，那么，马克思主义只能终止于1883年或1895年，只能陈列于人类思想宝库里供人瞻仰，就不可能发展，更不可能成为改变世界的现实力量。可见，用"思想和知识体系的陈列馆"式思维来对待马克思主义，这是一种僵化的、教条式的见解。马克思主义的实践运用本身，实际上也包含在马克思主义概念的界定之中。

（二）理论的开放性和包容性

当然，对马克思主义的理解，客观上会存在着认识的多样性和差异性。马克思主义要应用于实践，就需要面对不同的历史场景和立足于不同的现实条件。这些历史场景和现实条件的变化，需要对马克思主义的一些观点持实事求是的态度，具体情况下进行具体的分析。实践和历史条件的变动，也同样要求马克思主义本身不断发展和完善，对新的问题及其解决方案持开放的态度。在某种意义上说，马克思主义理论中最有价值的，就是它首先为无产阶级提供了认识世界的科学理论。因此，马克思主义不会宣布终极真理，马克思主义的一些结论也不可能是一经发现就只需熟读死记的教条。用教条主义和本本主义的办法，将马克思主义的所有言论、判断和论述作为实践的依据，只能扼杀马克思主义的生命力，只能使马克思主义走向僵化、凝固和封闭，不能在实践中再得到进一步的丰富和发展。当然，强调马克思主义的方法论意义，不是用方法论来取代基本原理。如果将马克思主义固定地认作一种方法，而非完整的思想体系，也是不妥当的。尽管恩格斯主张不能将马克思的整个世界观看作教义，而应当看作方法。但人们也要注意到，新世界观仅仅构成马克思主义理论大厦的一块基石，而不是大厦本身。

马克思主义是实践着的、不断发展的理论。社会实践总是处于不断的变动之中，从这种实践中产生并指导着实践的马克思主义自然也需要发展。实际上，任何用于指导实践的理论，都必须随着实践的发展而发展，否则它的生命力就终结了。1887年，恩格斯在致弗洛伦斯·凯利-威士涅威茨基夫人的信中明确指出："我们的理论是发展着的理论，而不是必须背得烂熟并机械地加以重复的教条。"[①]恩格斯甚至提出，即使是马克思已经定义过的事物，也会随着时间的推移而改变自身的性质和特点。因而，恩格斯不赞同"到马克思的著作中去找一些不变的、现成的、永远适用的定义"[②]，认为那种做法是对马克思观点的一种"误解"。

在《自然辩证法》中，恩格斯对马克思主义的发展性进行了说明："每一个时代的理论思维，包括我们这个时代的理论思维，

① 《马克思恩格斯选集》第四卷，北京：人民出版社2012年版，第588页。
② 《资本论（纪念版）》第三卷，北京：人民出版社2018年版，第17页。

都是一种历史的产物，它在不同的时代具有完全不同的形式，同时具有完全不同的内容。"①由于马克思主义严格以事实为根据，而客观现实又处在不断发展变化的过程中，因而马克思主义必然要对此作出新的概括、形成新的结论。这说明客观事物及其相互关系不是一成不变的，而是矛盾地运动着和发展着。它们在人类意识层面和人们思想上的反映，同样会发生变化。退一步说，即使人们已经较好地从事物的内在联系中、在整体上把握了事实，对事物变化趋势和方向形成了规律性的认识，但客观事实仍然会比原则和规律要复杂得多，也丰富得多。如果仅仅从原则或规律出发去剪裁事实，人们就无从追踪、阐释、适应乃至改变事实，把握事物的运动和发展方向，也就不可能不断地在实践中总结出新鲜的经验。因此，以事实为根基的马克思主义理论，其本质上也是像辩证法的原则一样，是革命性的，是不断更新和不断发展的。

马克思主义是开放和包容的科学。马克思的思想具有史无前例的包容性和高度的开放性。马克思主义的包容性体现在它对其他科学理论的借鉴和容纳，它不会画地为牢，将其他理论摒弃于自身理论体系之外。相反，马克思主义本身就是在借鉴当时社会

---

① 《马克思恩格斯文集》第九卷，北京：人民出版社2009年版，第436页。

科学和自然科学的最新成果上提出的。因此，它对旧理论和旧思想是批判的吸收，而不是简单的排斥。马克思主义的包容性，是与马克思所主张的历史观相一致的。

任何思想都首先是时代的思想，但马克思主义的开放性，使其可以避免自己的时代局限。在恩格斯看来，马克思主义者不仅运用批评与自我批评的武器来克服自身的缺点，纠正自身的错误，还会随着生产斗争、阶级斗争和科学实验这三大革命实践的发展而改变自己的形式。"从历史的观点来看，这件事也许有某种意义：我们只能在我们时代的条件下去认识，而且这些条件达到什么程度，我们就认识到什么程度。"①因此，当卢卡奇在《什么是正统的马克思主义？》中提出，衡量是否是马克思主义者的标准仅仅是方法，即只要坚持唯物辩证法就是正统的马克思主义。他仅仅只是指出了硬币的一面，而没有说出另一面。换言之，马克思主义的丰富和发展，必然要求我们不能拘泥于马克思主义的某一具体原理和观点。然而，如果马克思主义的基本原理和核心观点被摒弃，坚持马克思主义的方法论也是无从谈起、难以成立的。

不管怎么说，一个客观的、自洽的、统一的关于马克思主义的定义，只能而且必须在人类社会的具体实践中产生。"马克

---

① 《马克思恩格斯选集》第三卷，北京：人民出版社2012年版，第933页。

思主义"这一名词之所以被广泛认可并化身为宏伟的社会实践活动，注定了马克思主义在定义上取决于它的科学性和理论的独特性本身，而不是由于人们的主观性的理解。例如，海尔布隆纳在《马克思主义：赞成和反对》一书中，就强调存在一种客观的马克思主义。他认为："我确信马克思主义思想，或者说得更精确些，马克思的著述所激发的思想（我们合称之为'马克思主义'），是有一个可以得到公认的共同点的。"海尔布隆纳把这个共同点归结为四点：对待认识的辩证态度、唯物史观、依据马克思的社会分析而得出的关于资本主义的总的看法、对社会主义的信奉。他对如何定义马克思主义的看法是，存在一个共同的、客观的标准。这一看法可以为我们科学而完整地对"马克思主义"下定义提供借鉴。不过，海尔布隆纳关于马克思主义的定义存在着一个缺点，就是更注重形而上的层面，而没有与现实生活层面结合起来。这与马克思一直强调的实践理念是相悖的。

（三）创新和发展主体的承续性

在创新和发展主体层面，马克思主义是由马克思和恩格斯开创并由后继者日益完善的理论体系。在人类历史上，一种思想体系的定义必然要与其创立者相关，马克思主义的定义当然也离不开它的创立者。列宁指出："马克思主义是马克思的观点和学说的体系。"①列宁强调的是，马克思主义的本源来自马克思（当然也包括恩格斯）的思想，是马克思和恩格斯的观点和学说的综合体现。人们不能把自己的虚构、附加和个人的片面解释强加给马克思和恩格斯。在这里，列宁之所以从体系层面来强调观点和学说，主要是从整体性着眼的。体系是自洽和合成整体的观点，而不是全部著作或所有言论的总和，应当说列宁的这一界定反映了马克思主义学说的主体性，并为其继承性和延续性开辟了道路。

需要指出的是，从马克思主义后来的实践与发展看，仅仅从创始人角度来定义马克思主义也是不够的。实际上，列宁本人就在马克思所提出的方法论基础上，提出了全新然而又科学的见解。列宁关于社会主义革命在帝国主义薄弱环节取得胜利的观点、关于资本主义进入垄断阶段并转变成帝国主义的观点等等，都极大地推动了马克思主义的发展。可见，从马克思主义的承续性和创新发展看，马克思主义并不仅仅局限于马克思的学说和观点，人们也不能把马克思的思想和马克思主义完全等同起来。实际上，由于无产阶级革命的深入和社会主义建设实践的开展，马克思主义在马克思和恩格斯逝世后继续得到丰富和发展，并产生了一系列重大理论成果。

---

① 《列宁选集》第二卷，北京：人民出版社2012年版，第418页。

马克思主义创新发展的动力是无产阶级革命实践，而承载着创新发展使命的则是各国马克思主义政党领袖和马克思主义学者。在这一创新发展过程中，各国的无产阶级革命领袖和学者，各自结合其具体国情和世情，对马克思主义进行了本国化和时代化创新。坚持马克思主义的承续性，关键要看马克思主义的后继者能否坚持马克思主义的基本立场和方法，同时这也意味着后续者能否根据形势的发展和情况的变化，进一步完善或纠正马克思主义创始人在个别问题上的观点局限或不足。这一过程中总是会存在某些失误，但成就却是巨大的，社会主义革命在部分国家率先取得胜利就是一个雄辩的证明。

总之，马克思主义及其各国化理论，在总体上推进了马克思主义思想体系的创新发展。在宽泛的意义上说，共产党领袖和马克思主义学者均构成马克思主义定义中的创立或创新主体。共产党领袖和马克思主义学者不仅在马克思主义理论的阐述和应用上相互促进，在运用实践经验补充和完善马克思主义理论方面也相互补充，两者之间的良性互动关系共同推动了马克思主义的发展。这一关于马克思主义创立者的主体性定义，突破了将马克思主义局限于马恩、局限于革命领袖的不足，使群众史观得到了充分的体现。

关于"什么是马克思主义"的问题，列宁曾经从创新主体层面提出过一个经典的定义，即"马克思主义是马克思的观点和学说的体系"①。这一定义是基于当时国际共产主义运动和俄国革命的实际需要，从理论斗争的要求出发给出的。但这一定义仍然不够全面，而且也无法反映列宁之后马克思主义思想体系的丰富和发展。

从历史的发展来看，列宁继马克思之后进一步科学阐释了如何认识资本主义新阶段和如何进行社会主义革命的思想，而中国革命和社会主义建设则依托马克思主义的指导探索出了另一条不同的新道路。马克思主义本身是属于劳动人民大众的思想体系，也必然会在人民的生活历史实践中不断发展，显示出其生命力。当代中国特色社会主义建设实践的理论成果，是马克思主义中国化的经验结晶，是马克思主义思想精髓在21世纪中国的生动展现。如果将马克思主义思想体系的现实转化过程摒弃于马克思主义的定义之外，只能意味着是对马克思主义的彻底背离。

需要指出的是，马克思、恩格斯所处的是自由竞争的资本主义时代，这种历史背景决定了马克思主义关于资本主义的部分论断更多地适用于他们那个时代。鉴于西欧资本主义国家率先完

① 《列宁选集》第二卷，北京：人民出版社2012年版，第418页。

成了工业革命，根据当时自由资本主义阶段的世界经济政治发展状况和阶级斗争的形势，马克思恩格斯曾经设想，西欧资本主义国家工人阶级力量更强、更团结，他们在斗争中得到的经验也更多，其工人政党将引领社会主义革命。因此，社会主义革命将会首先在西欧几个主要资本主义国家同时发生，并取得胜利。但后来的资本主义国家经济政治发展情况表明，西欧国家阶级斗争的形势发生了变化。特别是19世纪末20世纪初，资本主义由自由竞争阶段进入了垄断阶段，垄断带来了国内外阶级力量对比的变化。由于生产的社会化程度不断提高，资本主义国家的发展也更加不平衡，国内的阶级矛盾更多的是通过国家间的矛盾体现出来，在几个主要资本主义国家中同时进行无产阶级革命的可能性反而被削弱了。列宁深刻分析了这一时期的变化后科学地指出，在帝国主义阶段，经济政治发展的不平衡已成为资本主义发展的绝对规律。

在列宁看来，无产阶级和资产阶级的矛盾在帝国主义发展阶段出现了一些新特点。首先，阶级矛盾在资本主义国家内部更加尖锐化；其次，无产阶级和资产阶级的矛盾在资本主义国家间也日益尖锐化。最后，帝国主义国家和外围国家的阶级矛盾也开始突显，帝国主义和殖民地半殖民地国家的民族矛盾成为资本主义世界的新的重大矛盾。帝国主义的这些深刻矛盾表明其面临新的统治危机，无产阶级革命的中心也转移到资本主义的边缘地带和薄弱环节。换言之，社会主义革命更可能在一国或数国首先发生并取得胜利。

历史的发展和革命的进程验证了列宁的判断。1917年，列宁和布尔什维克党不失时机地领导俄国工人阶级发动新的起义，并夺取了十月社会主义革命的胜利。十月革命的胜利标志着社会主义从理想真正转变为现实，开创了世界历史的新纪元。十月革命胜利后，针对经济文化相对落后的国家如何巩固胜利成果，如何向社会主义过渡和建设社会主义等急迫问题，列宁和布尔什维克党又出台了新经济政策，做出优先发展重工业等决策，在建设社会主义的问题上进行了有益探索。列宁在领导俄国革命和建设的过程中，把马克思主义基本原理与俄国实际相结合，创立了列宁主义，把马克思主义发展到一个新的历史阶段。

中国共产党人是马克思主义的坚定实践者和忠实继承者。在旧民主主义阶段，处于帝国主义时代的半封建半殖民地社会的中国，无产阶级还没有独立走上政治舞台，而中国的资产阶级民主革命则几经失败。十月革命一声炮响，给中国送来了马克思列宁主义，从此，中国的民族独立和人民解放，就和无产阶级革命结合起来，中国的无产阶级拥有了自己真正科学的理论指导，"十月革命帮助了全世界的也帮助了中国的先进分子，用无产阶级的宇宙观作为观察国家命运的工具，重新考虑自己的问题"①。中国共产党从成立起，就把马克思列宁主义确立为指导思想，并在不断探索中把马克思主义基本原理同中国具体实际相结合，领导全国各族人民取得了革命、建设、改革的伟大胜利，并不断推进马克思主义中国化、时代化，产生了毛泽东思想、邓小平理论、"三个代表"重要思想、科学发展观、习近平新时代中国特色社会主义思想，丰富和发展了马克思主义。

可见，从理论的整体性角度全面理解马克思主义，马克思主义的概念中不仅包括马克思和恩格斯的理论，也包括后继者丰富和发展的思想和观点。马克思主义是立足于实践的科学理论，马克思和恩格斯的后继者必然要随着实践发展而创造性地丰富和发展马克思和恩格斯的思想，因此，不同民族、不同国家、不同历史时期的马克思主义会显现出各自的特色。列宁在19世纪末20世纪初的世界历史条件下，根据俄国革命及苏联社会主义建设实践需要，创造性地提出了"社会主义革命首先在帝国主义链条的薄弱环节突破并在一国或数国首先胜利"等思想，在捍卫和巩固苏维埃政权的实践中，丰富和发展了关于过渡时期和无产阶级专政的学说，开创了落后国家向社会主义发展的道路；同时，列宁

---

① 《毛泽东选集》第四卷，北京：人民出版社1991年版，第1471页。

关于物质概念的定义、关于辩证唯物主义和唯物辩证法的深入研究、关于社会主义文化观等思想表明，列宁主义是对马克思主义理论的全面丰富和发展。

以毛泽东同志为主要代表的中国共产党人把马克思列宁主义基本原理同中国具体实际相结合，根据中国革命斗争实际，开辟了农村包围城市、武装夺取政权的正确革命道路，创立了毛泽东思想。毛泽东思想是马克思列宁主义在中国的创造性运用和发展，是被实践证明了的关于中国革命和建设的正确的理论原则和经验总结，是马克思主义中国化的第一次历史性飞跃。农村包围城市、武装夺取政权理论、新民主主义革命和社会主义革命二阶段论、关于人民民主专政学说等，丰富了落后国家开展无产阶级革命的学说。毛泽东思想中关于矛盾论、实践论的阐释，结合了中国革命的实际，充实了马克思主义的认识论和实践论，使马克思主义在中国真正地落地生根、开花结果。改革开放以来，以邓小平同志为主要代表的中国共产党人又根据社会主义建设的迫切需要，创立了邓小平理论，对社会主义初级阶段、社会主义市场经济、社会主义本质等理论问题进行了新的探索，推动了经济体制改革和对外开放，成功开创了中国特色社会主义。此后，以江泽民同志为主要代表的中国共产党人形成了"三个代表"重要思想，以胡锦涛同志为主要代表的中国共产党人提出了科学发展观等中国特色社会主义理论体系的重要成果，进一步丰富了马克思主义理论。当前，以习近平同志为主要代表的中国共产党人从新的实际出发，创立了习近平新时代中国特色社会主义思想，实现了马克思主义中国化新的飞跃。实践证明，马克思主义不是一个封闭僵化的学说，而是一个随着实践发展既一脉相承又与时俱进的理论体系。

对马克思主义的理解既要全貌性地把握马克思主义理论的整个体系，也要使其具有时代化的气息和开放性的活力。改革开放以来，中国共产党人使用的许多马克思主义新名词和新理论不断地被马克思主义学者所吸收。例如，1979年4月，中国社会科学院于祖尧研究员最早提出"社会主义市场经济"的观点；1979年7月，中国社会科学院刘国光研究员最早提出"缩小指令性计划和市场改革取向"的观点；1980年3月，中国社会科学院许涤新研究员最早提出"要重视环境和构建生态经济学"的观点；1983年7月，中共中央党校苏星教授最早提出"需要利用股份公司和托拉斯一类的社会化大生产组织形式"的观点；1984年1月，中国社会科学院杨圣明研究员最早提出"把效率和平等有机地结合起来"的观点；1984年上半年，复旦大学张薰华教授最早提出"社会主义经济中地租的必然性和土地有偿使用"的观点；1986年7月，中国人民大学卫兴华教授最早提出"公有制和按劳分配的运行和实现形式"的观点；1987年8月，中南财经政法大学刘思华教授最早提出"社会主义满足人民生态、物质、精神三类需要和物质文明、精神文明、生态文明三大文明建设"的观点，等等。①马克思主义学者的贡献，同样构成中国化马克思主义的理论成果。

三、学术传承：作为学术理论的马克思主义

马克思主义首先是一个完整的学术思想和理论体系。马克思说："不论我的著作有什么缺点，它们却有一个长处，即它们是一个艺术的整体。"②对马克思主义的理解必须坚持整体性原则，因为马克思主义是一个博大精深的理论体系。马克思主义哲学、马克思主义政治经济学和科学社会主义是其三个基本组成部分，它们有机统一并共同构成了马克思主义理论的主体内容。此外，马克思主义还包含着其他知识领域，如历史学、政治学、法学、文化学、新闻学、军事学等，并随着实践和科学的发展而不断丰富自身的内容。正如习近平总书记2016年5月17日在哲学社会科学工作座谈会上所指出的："马克思主义理论体系和知识

---

① 程恩富：《改革开放与马克思主义经济学创新》，《华南师范大学学报（社会科学版）》2009年第1期，第5—15页。

② 《马克思恩格斯文集》第十卷，北京：人民出版社2009年版，第231页。

体系博大精深，涉及自然界、人类社会、人类思维各个领域，涉及历史、经济、政治、文化、社会、生态、科技、军事、党建等各个方面，不下大气力、不下苦功夫是难以掌握真谛、融会贯通的。"马克思主义不仅是无产阶级的理论指南，也是关于人生观、世界观和价值观的客观和科学的思想体系，对于正确看待世界、认识人生具有重要的指导价值。

（一）富有逻辑性和系统性的学术理论

从科学的角度来认识和理解马克思主义，需要把握马克思主义的学术内涵。习近平总书记指出："实践也证明，无论时代如何变迁、科学如何进步，马克思主义依然显示出科学思想的伟力，依然占据着真理和道义的制高点。"马克思主义不能仅仅被当作革命理论和意识形态，而且要在学术内涵层面作为一种关于自然、社会和思维发展规律的完整的学术思想体系而存在，这也是我国强调要加强马克思主义理论教育的出发点和落脚点。

任何一种理论都是时代的产物，在阶级社会中它都反映着一定的阶级利益诉求。在这个意义上来说，不仅马克思主义理论体现为一种革命理论和无产阶级的意识形态，在讨论同一主题时其他非马克思主义理论同样也是意识形态。不过，作为理论思想，马克思主义是最博大的、最精深的，它不仅包含了人类关于自然界的最新认识，也包含着对人类思维规律的科学把握，更是在本质上揭示了人类社会发展的客观规律。马克思主义的博大精深，就在于其面对人类社会时所显示出的思想整体性和逻辑系统性："由于有力地综合了历史、哲学、社会学和经济学，马克思的社会理论成为19世纪最重大的思想成就之一。"①

马克思主义在学术内涵上与以往理论的根本区别在于，它所持的立场、观点和方法均是革命性的。在哲学领域，它体现为唯物史观与唯心史观、辩证唯物主义与机械唯物主义、唯物辩证法与唯心辩证法、社会存在决定论与社会意识决定论的本质差别。马克思主义哲学将辩证唯物主义的认识论、历史唯物主义的实践论结合在一起，使哲学从思辨领域重回现实，从天国回到人间，使广大人民群众第一次掌握了自己的思想武器。在政治经济学领域，马克思主义强调劳动的政治经济学，批判资本的政治经济学、主张公有制和维护私有制的本质区别，使批判的政治经济学取代了资产阶级的辩护性质的庸俗政治经济学，使劳动人民真正认识到自己的地位和作用。在政治制度和社会制度领域，它表现为社会主义制度和资本主义制度、中国

①　［英］戴维·麦克莱伦：《卡尔·马克思传（第3版）》，王珍译，北京：中国人民大学出版社2005年版，第434页。

特色社会主义与民主社会主义或社会民主主义的分野，使社会主义制度占据历史和道德的制高点，成为人民向往的美好社会目标；将资产阶级的虚伪民主从政治领域驱逐出去，凸显了人民当家作主的时代主题。在文化艺术领域，马克思主义崇尚现实的积极向上的人生观和价值观，崇尚"真、善、美"的情操，崇尚勤劳、创造的品格，使无产阶级文化成为主流文化，与资产阶级的剥削、贪婪、消极、悲观和丑恶文化相对立，等等。马克思主义的生命力蕴藏于人民群众对美好生活、美好社会的向往之中，蕴藏于对真理的学术追问之中。马克思主义所主张的人性论，是历史的、乐观的人性论。马克思主义的学术价值在于它确立问题导向，始终面对现实的挑战，不会死守教条导致思想僵化，因而具有强大的解释力。

马克思主义对当代西方社会科学产生了巨大的影响。戴维·伊斯顿在为其《政治生活的系统分析》一书的中译本所写的序言中指出：西方社会科学先后经受了马克思主义的三次冲击，因而深深地打上了马克思主义的烙印。"第一次冲击自然是在马克思在世期间，第二次冲击则是在30年代大萧条期间，那时，马克思主义理论深深渗入了社会科学各学科之中。今天，在其第三次冲击的过程中，马克思主义尤其是尼科斯·普兰札斯的著作中所阐述的结构主义的马克思主义，对于当前社会科学的方向和某些理论已产生了重大影响。"①

　　马克思主义的学术营养，滋养了一批有创造力和批判力的学者，促进了一些新学术流派和新的社会科学分支学科的产生。在西方国家，新马克思主义政治学、新马克思主义经济学、新马克思主义社会学等，正成为社会学科转型的热点领域，引领了新的研究方法和方向。安东尼·奥勒姆曾这样说："马克思可以说是政治社会学之父，正如奥古斯特·孔德可以称为社会学之父一样。毫无疑问，由于种种原因，马克思轻视了这个题目。但是，显而易见，马克思创立了许多比任何热衷于政治研究的社会学家——活着的和死去的——都更富有挑战性和更富有成果的思想。"②

　　作为学术流派，马克思主义的相关理论在西方资本主义国家中仍然占据一定的话语场。20世纪70年代以来，新马克思主义在西方的重新兴起成为一个引人瞩目的事件。新马克思主义的崛起，是在其与新自由主义、新保守主义等资产阶级理论的斗争过程中发生的，这也是资产阶级传统社会科学理论没落的必然结果。以经典马克思主义为出发点，新马克思主义运用马克思主义的方法论和研究视角，不断在学术领地中开拓，在当代发达资本

---

　　①　［美］戴维·伊斯顿：《政治生活的系统分析》，王浦劬等译，北京：华夏出版社1989年版，中文版序言第4页。
　　②　［美］安东尼·奥勒姆：《政治社会学导论——对政治实体的社会剖析》，董云虎、李云龙译，杭州：浙江人民出版社1989年版，第14页。

主义国家中生根，为当代西方社会科学理论带来了巨大冲击。目前，新马克思主义的影响所及，几乎遍及人文社会科学的各主要领域，如经济学、政治学、社会学、历史学、哲学、文学等，充分体现了马克思主义的学术影响力。

在社会科学研究中，马克思留下的宝贵精神财富不仅在于其科学体系和理论观点，而且在于其科学的方法论。如恩格斯指出的："马克思的整个世界观不是教义，而是方法。它提供的不是现成的教条，而是进一步研究的出发点和供这种研究使用的方法。"[①]马克思的方法论思想深深地渗透在当代学术研究的前沿成果中。各国学界积极推动"在场的马克思"对话，以当代现实情境下的研究回击对马克思的质问。马克思的批判性思考无所不在，这给当代学者以无穷的启发。马克思的视角所至，遍及当今关乎人类发展的所有重大主题。无论是从生态学、可持续发展开展的研究，还是从阶级意识和阶级结构、消费社会批判、环境伦理学等角度展开的研讨；无论是从异化思想、人的主体性展开的人道主义研究，还是从历史语言学、文化哲学等角度展开的比较分析；无论是从地理经济学、空间理论展开的史学考证，还是从意识形态与霸权理论、国际秩序论等角度展开的政治学研究等，

---

① 《马克思恩格斯文集》第十卷，北京：人民出版社2009年版，第691页。

都力图重新从马克思出发，在马克思的诘问下寻找新的灵感。这些受马克思主义推动的学术研究，有力地推进了学科的交叉融合和研究视角的拓展。在当今及长远的未来，马克思的思想遗产仍将构成社会科学研究的基石和出发点，释放其思想魅力。

（二）具有内在整体性的学科体系

整体性是马克思主义的一个重要特点。马克思主义的整体性，主要体现在它能够一以贯之，始终坚持理论自身的逻辑自洽。这种整体性，一方面使马克思主义的研究内容演变为当代社会学科体系的核心要素，另一方面使马克思主义的基本原理和观点贯穿于各种学术场景和学科门类之中。迄今为止，还没有哪个学者能够像马克思那样，将自己的如椽巨笔横扫过如此众多的领域，并提出最前沿的思考和结论。这些领域包括传统的哲学、历史学、经济学、政治学、文化学、社会学、法学等学科，还涉及生态学、军事学、伦理学、制度学、人类学等多维学科。马克思对思想史的相关梳理和评论，也是非常富有见地的，正日益成为后人研究的重要材料。可以说，马克思主义在不同学科中所确立的研究视角和提出的新见解，既相互联系、相互交叉，又相互区别、相互补充，从而构成了一个完整的理论体系。

马克思主义理论体系的整体性，与马克思主义理论的结构特征有着直接的关联。从大的方面看，马克思主义哲学构成马克思主义学术体系的前提。其中最重要的是马克思主义的世界观和方法论，它们处于马克思主义理论体系的基础层。从这个基础层出发，衍生了马克思主义的经济学、政治学、历史学和文化学等学术内容。马克思主义经济学是马克思晚年写作的重点，它通过研究社会生产方式和交换方式，揭示了社会生产、消费、分配、交换等经济运行规律，进而对现代社会的一般经济规律予以全景式刻画和整体性展示，在此基础上揭露资本主义社会的秘密，并为社会主义经济运行提供指导。在某种意义上说，要理解现代资本主义社会下的政治、文化、社会和生态等问题，脱离马克思主义政治经济学是不可行的。马克思主义政治学、文化学、社会学、生态学等其他学科，作为应用层面的重要分支学科，是马克思主义学术体系的延伸。科学社会主义是马克思关于社会发展的学说，它所涵盖的马克思主义社会历史哲学，是社会主义政治理论的基石。它所包括的马克思主义政党学说，是社会主义社会下加强执政党建设的遵循，体现着共产党先进性、纯洁性、科学性等共产党执政的一般规律，在指导社会主义社会建设中发挥着政治方面的主导作用。

总之，马克思主义不仅在哲学、政治经济学和科学社会主义中取得了丰硕的学术成果、建立起恢宏的理论体系，而且已经或正在社会科学的其他学科中建立起自己的科学理论，如马克思主义政治学、社会学、文化学、生态学、制度学、人类学，此外还有马克思主义史学理论、马克思主义法学理论、马克思主义民族理论、马克思主义伦理学、马克思主义新闻学、马克思主义宗教学，等等。马克思主义作为工人阶级和劳动人民的科学世界观，既是一个完整的理论体系，又是跨越哲学社会科学的多个学科，具有巨大的学术生命力。

（三）学术体系和话语体系的结合

马克思主义是科学，集中体现在其学术体系和话语体系的解释力和引导力。马克思主义基本原理为马克思主义学术体系奠定了科学的前提。马克思主义理论是学术性与政治性的统一。马克思主义代表无产阶级人民大众的利益需求，体现了人类思想文化社会发展的必然要求，是工人阶级和劳动群众认识世界、改造世界的思想武器。马克思创立的唯物史观，揭示了资本主义剥削的秘密，发现了人类历史发展的规律，它是科学的学说。

马克思主义的学术性不等于意识形态性，马克思主义学术功能的发挥是一种科学行为，不能把马克思主义看作纯粹的意识形态，忽视其学术性。从马克思主义基本原理出发，先进的意识形态会随着社会存在的发展变化而成为落后的意识形态，那些原本尚未完全成熟的社会心理、日常经验等形式也会发展和改变。这种改变有的是人自身观念的改变，也有的是由于代际因素导致的人类主流观念的改变。总之，时间的推移会改造、再造或重塑社会心理、社会观念，会将新的历史时期的日常经验作为新的观念元素，进而有构成稳固的意识形态内容的可能。这也意味着，那些目前仍没有纳入意识形态范围的内容不能被忽视，仍需要我们去研究。作为一门学科，马克思主义符合学科自身发展的科学规律，需要以科学的学术态度研究、发展、创新马克思主义。马克思主义基本原理为我们坚持科学的严谨学术提供了条件，使人们不拘泥于马克思主义的个别结论，真正以开放和发展的视野坚持和发展马克思主义。

马克思主义基本原理的确立，与马克思主义话语体系密不可分。话语体系是一个严密的逻辑系统。话语体系在构成要素上，包括反映阶级利益、意识形态、价值判断工具的"主题的选择""分析框架"和"使用的语言"。马克思在批判资产阶级话语的基础上，提出了马克思主义的核心话语、概念和范畴，最终实现了思想上的真正革命。如，用"社会关系总和"揭示人的本质，用"剩余价值"揭示利润的本质，用"抽象劳动"阐释价值实体，用"可变资本"来分析工资，等等。因此，马克思主义基本原理的科学性，首先以马克思主义话语体系的正确运用为前提。坚持马克思主义基本原理，是坚持马克思主义意识形态领导权、话语权，不仅是有效应对国际思想文化斗争挑战的重要途径，更是增强中国特色社会主义理论自信的根本要求。

（四）意识形态与学术思想的统一

马克思主义不仅仅是一种意识形态，更是科学的理论体系，是保持高度逻辑性的整体，具有很强的学术性。马尔科维奇关于马克思主义有一个基本观点，认为真正的马克思主义必然同时具备科学要素和意识形态要素，"科学确立和说明的是所是的东西、曾经是的东西和将成为的东西，意识形态表达的则是应当成为的东西、人所渴望的东西、工人阶级感兴趣的东西"[①]。尽管不全面，但却正确地指出了马克思主义的学术性和意识形态的关系。

马克思主义是工人阶级的"圣经"，在指导无产阶级的现实革命运动中具有指导作用，但它不能被仅仅作为意识形态来对待。将马克思主义局限在意识形态的一维状态里，是资产阶级无力回应马克思的体现，也是资产阶级学者赖以反对马克思主义的一种伎俩。19世纪60年代后，西方一些学者就是这样做的。例

[①] ［南斯拉夫］米哈伊洛·马尔科维奇：《当代的马克思——论人道主义共产主义》，曲跃厚译，哈尔滨：黑龙江大学出版社2011年版，第81—82页。

如，罗素、卡尔·洛维特、保罗·蒂利希等人就曾片面化地解读马克思主义，将其等同于宗教或准宗教。卡尔·洛维特在其《世界历史与救赎历史》中，就注重于强调马克思对人的理解与宗教的关系，夸大世界观、人生观的作用。古斯塔夫·瓦特在《辩证唯物主义》中则提出，作为一种世界观，马克思的思想与宗教具有很多相同点。麦克莱伦也从宗教角度解读马克思与群众运动的关系，认为马克思主义越是取得成功，就越是倾向于成为一种群众的宗教。蒂利希在其《马克思主义和宗教社会主义》中，更是试图从宗教角度来解读马克思主义的历史观，将马克思所说的未来社会与基督教上帝之国作类比。所有这些做法和说法，无疑都是在解构马克思主义的核心内容，都是反动的历史的退步。

马克思主义当然会作为一种意识形态而存在，但它更大的价值在于它是科学。有一种观点认为，中国不存在作为学术思想的马克思主义，只存在作为党的指导思想的马克思主义。这种观点，显然是将马克思主义理论教育作为哲学社会科学知识的功能和作为政治教育的功能相混淆了，不利于人们发掘马克思主义所蕴含的真正学术价值。如果秉持如此偏狭的观点，只能使马克思主义退出一些重要的学术领域，让马克思主义在一些相关学科建设中失踪，在一些学术研究中失语和失声。

实际上，马克思主义理论体系是一个有机整体，在内涵上既有其政治性质的一面，也有其学术思想的一面。作为意识形态的马克思主义与作为学术思想的马克思主义，其阐述方法、面对的群体和阐释的内容，是内在统一的，但各有侧重。作为意识形态的马克思主义理论，在功能上发挥着指导作用，但并不会替代马克思主义学者在学术层面对相关问题展开的开放性研究。从某种程度上看，作为意识形态的马克思主义，可以为学理化的马克思主义研究提供方向性的引导；马克思主义学者所创新和发展的马克思主义理论，不仅有其独立的学术价值，更可以为作为意识形态的马克思主义提供新的论据和学理性的支撑。两者完全可以做到相互吸收，达到互相促进的效果，共同为繁荣作为一个整体的马克思主义理论而贡献各自的智慧。

作为意识形态的马克思主义和作为学术思想的马克思主义，在涵盖的领域上有所区别，前者相对狭窄，而后者更加宽泛，这是由其各自的定位和功能所决定的。有一种错误的舆论认为，发展21世纪的马克思主义，只需要发展马克思主义哲学、政治经济学和科学社会主义三个组成部分就足够了，继承、发展和创新这三个组成部分，完全可以发挥马克思主义作为意识形态的功能。这种片面的观点，在中国实践中导致马克思主义在历史、文学、法律、艺术、伦理学、国际关系学、比较文化学及应用经济学等哲学社会科学领域中失去了应有的地位。实际上，恩格斯在

《反杜林论》中关于哲学、政治经济学和科学社会主义三个组成的划分，是因杜林在这三个领域对马克思主义发起的批评和挑战而阐发的，并为列宁所沿用。客观考察和认真研讨就可以发现，马克思主义绝不只是三个重要组成部分。例如，恩格斯依据马克思写的《路易斯·亨·摩尔根〈古代社会〉一书摘要》，执行马克思的写作遗嘱而撰写的《家庭、私有制和国家的起源》，便是标准的人类学和民族学著作。这本书和斯大林的《民族问题和列宁主义》以及其他马克思主义相关经典论著，客观上构成了马克思主义的人类学和民族学，也是马克思主义的重要组成部分。

此外，马克思、恩格斯、列宁、斯大林、毛泽东等马克思主义经典作家或集中或分散的论述，已经构建了马克思主义社会学、政治学、文化学、伦理学、法学、文艺学、军事学、国际关系学等基础理论，均为马克思主义的重要组成部分。因此，当代中国在学科横向领域仍有必要积极发掘、整理和继承经典思想，并根据新的现实不断创新和拓展马克思主义的相关社会科学的理论体系、范畴体系、话语体系和方法体系。

四、相伴而行：日常生活中的马克思主义

马克思主义并非远离经世济用、务虚而不实用的理论。在大部分人的印象中，马克思主义是"高大上"的理论，错误地认为

马克思主义理论只能进行宏大的叙事而不能应用于指导具体的实践。在部分人看来，马克思只是对日常生活进行批判，但缺乏建设性意见，他们认为马克思主义与普通人的日常生活无关，与创业就业、收入分配、住房居家、社保福利、婚姻家庭等涉及民生和福祉的问题没有关系。这种成见是出于对马克思主义的误读。

（一）日常生活视角下的马克思主义

马克思主义理论并非遥不可及，也从未过时，而是与我们的生活密切相关，对我们的生活具有指导作用。

思想高高在上，是马克思主义产生前一切过往哲学和历史理论的一个普遍性的特征。无论是旧哲学，还是旧的历史理论，与人们日常总是保持远远的距离。马克思之前的德国哲学，给人的感觉是"在天空飞翔"；在研究人类历史时，日常生活似乎已经被旧哲学所忽视和遗忘，历史已然成为"某种脱离日常生活的东西，某种处于世界之外和超乎世界之上的东西"[1]。只有马克思主义才让人第一次看到历史哲学与现实生活的密切联系。

源于生活是马克思主义的重要立场，也是马克思主义之所以能打动人的原因。马克思主义要正确解释世界，首先是要"真正领悟

---

[1]　《马克思恩格斯文集》第一卷，北京：人民出版社2009年版，第545页。

在街头巷尾遇到的日常事物"①。马克思指出，在旧哲学中一个最常见、最易犯的错误，就在于将现实的生活世界看成非历史的东西。与此相反，马克思恰恰是从日常生活中来探究现实生活世界的根基性和起源性。马克思将吃、喝、住、穿、行等日常生活行为放在第一位的位置来研究，视之为全部人类历史的首要前提。

马克思主义对现实生活保持着理性的客观。在马克思看来，日常生活与非日常生活是相互渗透的，它们交织生成了现实生活世界。前者是后者生成的前提和基础，后者则延伸和拓展着前者。从本源意义上说，首先构成人类整个社会生活的基础的是人们的日常生活，日常生活是真正的发源地。脱离日常生活，人类历史及一切社会关系就无从谈起。

从人们的直观感受看也是如此，日常生活是人们社会活动的基本领域，它大致上圈定了人们的社会角色、家庭状况和生活条件。每个人的生存发展都要依赖和通过日常生活，"个人怎样表现自己的生命，他们自己就是怎样"②。

马克思看到日常生活对于普通人的人生的基础性作用，但他并不忽视重大历史事件对于历史进程的重大意义。重大事件，特别是影响社会生活的重大事件，对于普通人生活的影响比之日常

---

① 《马克思恩格斯全集》第一卷，北京：人民出版社1995年版，第736页。
② 《马克思恩格斯选集》第一卷，北京：人民出版社2012年版，第147页。

生活更为突出、更加巨大，甚至完全可以改变人的一生。一方面，马克思强调科技革命对于人的必需生活资料的影响。每一次重大的科技革命，都会在某种程度上摧毁普通人的旧有的日常生活，改变其生活轨迹，但也会在另一方面对其日常生活进行重建和重构。另一方面，马克思对人们的日常生活越来越被置入资本主义生产逻辑之中保持着警惕。马克思认为，资本主义可以通过相对剩余价值生产来推动技术进步，使工人阶级的生活资料价值普遍降低，进而改善其生活状况。但他也指出，工人阶级的工资提高应当被看作正常的进程，工资提高本身就必须包含着历史的因素和道德的因素。与此形成鲜明对照的是，马克思对现代科学技术越来越被运用于加重对工人的剥削进行了猛烈的批判。物品的丰富、交通的便利、闲暇时间的增加、生活条件和自然环境的改善，等等，这些经济发展过程中产生的结果只有惠及更多的人，马克思的诘问才会停止。

马克思认为，个人作为日常生活的主体，同时也可以成为非日常生活的主体。政治、经济、科学、艺术等非日常活动在人类社会生活中具有重要意义。随着社会分工的发展，一部分日常生活也可以转化成为非日常生活。分析日常生活，可以见微知著，从中发现内在的客观的规律性现象。解决好日常生活中的问题，是无产阶级革命事业的必要内容。要正确地介入日常生活，因为

"社会结构和国家总是从一定的个人的生活过程中产生的"①。日常生活无小事，群众利益不可忽视，这是马克思主义给我们治理国家的有益启示。

（二）人民福祉视野下的马克思主义

回归日常生活，是马克思主义的一个重要观点。马克思指出，人们为了生存，首要的任务就是需要解决吃喝住穿问题，以及其他一些必要的生活条件。人们创造历史，同样也需要以此为出发点，任何民族、任何人群莫不如此，概莫能外。"任何历史观的第一件事情就是必须注意上述基本事实的全部意义和全部范围，并给予应有的重视。"②

诚然，马克思对日常生活有着批判。由于充斥在现代商品世界中的物化意识和消费意识，"商品形式成为社会的基本形式"③，它必然会渗透到日常生活的方方面面。商品形式的后果是形成商品拜物教以及货币拜物教，支配并改造人们的日常生活。

马克思用同情的眼光看待商品经济中人的行为的异化。然而，马克思认为商品拜物教仅仅是历史发展到一定阶段的产物，

---

① 《马克思恩格斯文集》第一卷，北京：人民出版社2009年版，第524页。
② 《马克思恩格斯文集》第一卷，北京：人民出版社2009年版，第531页。
③ ［匈］卢卡奇：《历史与阶级意识——关于马克思主义辩证法的研究》，杜章智等译，北京：商务印书馆1996年版，第145页。

它必将随着生产力的发展而逐步淡化和消退，随着社会主义革命的胜利受到遏制和消除。马克思重视社会结构的整体性变革，重视非日常生活领域的变革，但又没有止步于此。

马克思永远将经济增长成果看作是历史的必然，将人类日常生活的改善看作常态，他更多关注的是不平等现象的存在及其扩大。马克思不仅将工人阶级的贫困限定在绝对贫困的标准之上，也从相对贫困的角度，用同情的眼光看待普通劳动者的地位和角色。在今天，经济增长的成果如何能使大多数人的日常生活更丰富、更体面，已经成为一个世界性难题。这也正是马克思仍能打动普通人群的根本原因。

日常生活在马克思的视野中占有重要地位。"当人们还不能使自己的吃喝住穿在质和量方面得到充分保证的时候，人们就根本不能获得解放。"①生产关系的变革不仅要适应生产力发展，而且要适应人的社会需要的发展，只有这样变革才能成功。

换言之，革命这种看起来超脱于非日常生活的事物，最终需要在日常生活中得到贯彻和落实，新的生产关系及其背后的利益只有转化为日常生活的现实，才真正标志着生产力的解放。消除现实日常生活中的落后因素，改变各种压迫人、束缚人和桎梏人

---

① 《马克思恩格斯文集》第一卷，北京：人民出版社2009年版，第527页。

的社会关系，是人们之间实现平等的前提，也是人的自由全面发展的保障。

从人民福祉层面理解马克思主义，是与马克思主义关于社会生产目的的理论分不开的。马克思关于社会生产目的的理论是马克思主义政治经济学的重要原理之一。它科学地揭示了资本主义私有制最终的生产目的是最大限度地攫取私人剩余价值或私人利润，获得资本增殖，其生产使用价值只是为获得私人剩余价值或私人利润服务的。由少数人凭借利润驱动的资本主义在全世界积累财富的同时也使全世界大多数人陷入相对贫困或绝对贫困。在马克思、恩格斯看来，人类社会只有彻底消灭私有制和商品经济，实行全社会公有制、按需分配和计划经济的共产主义制度，才能彻底脱离非人性的生存竞争的社会环境，实现每个人和整个人类的全面发展、自由发展和联合发展。在社会主义初级阶段，由于真正实行了公有制和按劳分配占主体以及国家调节为主导的市场经济制度，就可以使大多数人和企业更加得到解放，实现比资本主义高得多的经济自由、经济平等和经济绩效。中外经济的现状和发展态势已充分印证了这一理论。

马克思主义所主张的向日常生活的回归，本质上维护的是劳动人民的利益。实际上，所有的马克思主义经典作家、共产党领袖以及马克思主义学者都高度重视并具体阐述了关于民生和福祉的问题，均有前后继承、与时俱进的大量理论性和方针政策性的论述。党的十八大以来，马克思主义中国化理论及时提出以"国家富强、民族振兴、人民幸福"为宗旨的中国梦目标，强调"以人民为中心的发展思想""改善民生就是发展"和共同富裕原则以及共享的新理念，在扶贫、就业、社保、医疗、教育、住房、休闲、安全、分配等民生提升方面成效显著。这是因为，马克思主义及其中国化理论关于革命、建设、改革和发展的最终目的，就在于通过物质生产、文化生产、服务生产和生态环境生产来最大限度地满足人民日益增长的美好生活需要，来不断提高人的福祉程度和全面自由发展的程度。

（三）个人价值观层面的马克思主义

在某种意义上，马克思主义也是关于个人价值观或人生信仰的科学理论。在人类历史中产生过各种各样的价值观，这些价值观都是与其诞生时代相契合的产物。在人类社会早期，原始信仰盛行，人们相信图腾、禁忌、神话和巫师。在中世纪，宗教信仰成为社会的基本价值观，人们相信由人自己塑造的宗教教义和教主。近现代以来，以较系统的理论体系或主义作为标志的各种价值观才相继走上历史前台。

马克思主义关于人生信仰的理论，关于人的基本价值观的观点，是最符合人类社会发展的要求的。价值观危机是资本主义的伴生物，从当代世界的发展现实来分析，价值观危机与现代资本主义经济危机密不可分，价值观危机转化为信仰危机和文化危机，不过是当代资本主义现实危机的表层体现。资本主义的经济、政治、社会生态环境等各种危机，在其个人层面上的体现首先就是价值观危机，这是马克思主义价值观的科学解读。

马克思对个人的自由充满憧憬，他设想过未来社会的自由，认为在那里人们可以拥有充足的闲暇，可以按照自己的生命意志从事自己真正喜爱的物质生产活动和精神生产活动，并且在这些活动中进行自由的变换。马克思指出，在资本主义经济制度中，劳动者所能获得的仅仅是形式上的自由，但他们并没有获得实质性的、内容上的自由。当马克思论述劳动从对于资本的形式上的从属关系，转化到对于资本的实际上的从属关系时，他论证的其实是劳动者自由的全面丧失。马克思并不认为资本家对于金钱和财富的占有与其拥有自由相等同；相反，他认为资本家在资本主义生产关系下本身也是不自由的。因此，马克思本人并不将剥削关系归于资本家个人，在最终意义上，他并不要求资本家个人对其剥削行为负责。因此，要最终消灭剥削，需要一个长期的历史的曲折过程。

马克思认为宗教信仰是历史的产物。他提出的一个著名论断，即广为人所引用的"宗教是人民的精神鸦片"，实际上来自这样一段论述："宗教里的苦难既是现实的苦难的表现，又是对这种现实的苦难的抗议。宗教是被压迫生灵的叹息，是无情世界的情感，正像它是无精神活力的制度的精神一样。宗教是人民的鸦片。"①在这里，马克思流露出的更多情感，是对于被压迫者的同情。人民在宗教里寻找精神寄托，这是历史进程中出现的一个必经阶段。只有跨越这一阶段，先解决现实的苦难问题，才能将人性从宗教里解放出来。那种认为单纯通过哲学、思想教育就可以将人性从宗教里解放出来，显然是肤浅的想法。

和对宗教问题的看法一样，马克思认为政治观点、艺术倾向等上层建筑层面的东西，也是来自现实世界。错误的政治观点、反动的文学观、虚无的历史主义观、颓废的艺术风格等现象，只有在现实世界中才能寻找到其真正的错误根源。在这里，关于社会关系的正确认识、关于事物本质的客观看法等，只能从生产关系特别是生产资料所有制关系，包括其性质、特点、内容、历史演变和发展趋势等各方面，才能充分揭示出来。当然，马克思不是被动的认识论者，他认为单个人的世界观也与其个人境遇、知识结构、理论素养等相关；同时，杰出人物在探索事物真理、塑

---

① 《马克思恩格斯文集》第一卷，北京：人民出版社2009年版，第4页。

造新世界观中的历史性作用也不可抹杀。

不可否认，马克思主义在一定意义上也是一种价值观和道德主张。这是因为，马克思毕竟提出了一种新道德，从而与旧道德相对立。在马克思关于道德观问题的论述中，资本主义社会中个人道德的滑坡并不能仅仅归因于个人的品质问题。马克思认为，人们的道德观乃至人性本身是历史地发展和变化的。在资本主义商品货币的冰水中逐渐冷却的人间情感，根源在于人的社会关系特别是生产关系的变化，是资本主义私有制的经济制度和雇佣劳动下的剥削制度所导致，而不仅仅是个人的人性使然。社会主义条件下由于公有制主体地位的确立，社会共同体意识会得到确立和巩固，个人价值观的扭曲将在很大程度上得到纠正。从价值观层面认识和把握马克思主义，需要强调确立共产主义道德的必要性。

当然，随着社会主义市场经济的建立和商品货币关系在经济生活中取得主导地位，价值观上的马克思主义受到一定冲击，这也是不可避免的。某些错误观点认为"雷锋精神"过时了，"扶不扶"等成为新问题，一定程度上反映了人民群众在价值观层面马克思主义的误读。因此，从价值观层面上对马克思主义的理解，有必要回到马克思主义本身，在理论层面摒弃"孤立的个人"等西方错误思想，重新确立"社会的个人""全面的个人"

和"共同体"等马克思主义的观念，这样才能体现出马克思主义的价值取向。

把马克思主义看成一种价值学说，并不是对马克思主义核心要义的否定。美国的宾克莱教授就明确提出，判断是否坚持马克思主义的标准在于是否坚持马克思的道德理想，"马克思对于我们今天的吸引力乃是一个道德的预言，人们如果根据人类价值考察现在社会上的种种事实，然后根据自己的发现而行动，以使我们的世界成为一个一切人都能变成更有创造性和更为自由的地方，这样我们就是忠于马克思了"①。

本章小结

"马克思主义"作为一个概念，不能被随意剪裁。在起源意义上，马克思主义是以其创始人思想为主要内容的庞大理论体系。在一般意义上，马克思主义是关于自然、社会和思维发展的一般规律，尤其是以唯物史观、唯物辩证法和剩余价值理论为指导，以组织无产阶级夺取政权和以公有制的协作劳动替代私有制经济进行社会主义建设为手段，以消灭阶级和实现人类解放为目标，实现生产力高度发达和每个人都全面发展的自由人联合体的

---

① ［美］宾克莱：《理想的冲突——西方社会中变化着的价值观念》，马元德等译，北京：商务印书馆1983年版，第106页。

共产主义社会的科学理论体系及其实践活动，以及马克思恩格斯阐述的关于人生信仰和核心价值的社会思想和学说体系。在最完整的意义上，马克思主义还包括其后继者在其理论基础上不断深化发展的理论成果。

第三章

真理的力量
——马克思主义没有过时

2008年，在美国次贷危机引发全球金融危机之际，一条来自德国的信息格外令人注目。媒体报道，马克思的《资本论》重新成为读者尤其是青年学者的宠儿，德国出版商甚至预测，马克思《资本论》的销售量比2005年提高了两倍，或将重新成为该年圣诞节的最佳礼品。为何资本主义世界的青年学者如此热衷读《资本论》？有人认为，是金融危机的大爆发警醒青年一代，新自由主义政策的幸福没有得到兑现。实际上，《资本论》自出版以来，其核心理论就一直遭到攻击、曲解和误解，无数次被宣布"过时"或"死亡"。不过，历史是公正的。一个半世纪的风风雨雨，淘汰了无数的时髦理论，《资本论》却历久弥新，经受住了时间的考验。

每逢人类历史进入转折关头、人类社会面临重大危机，特别是每当经济危机重新席卷西方世界，人们总是回过头来到马克思那里寻找智慧和启示，令《资本论》一再摆上畅销书架。历史一再告诉世人，《资本论》没有过时，马克思主义没有过时。

一、穿透迷雾：为人类社会把脉

马克思重视对过往一切理论、学说、观点的审视和批判，他具有天才般的思辨能力，具有从表象直达本质的力量，足以勘破现实。马克思的学说既是现实的，又是辩证的。他批判继承了黑格尔的辩证法，颠覆了辩证法的传统；他透彻研究资产阶级古典政治经济学，实现了对政治经济学的科学转化。他关注的问题包罗万象，却又主题突出；他开辟的研究领域常常异军突起，在数十年后才为人所认识和理解，令后人叹为观止。

（一）探索人类之源

关于人类社会起源的分析，马克思主义提出了有别于神创论和自然进化论的新观点。马克思主义认为，是劳动真正创造了人类。众所周知，神创论是被自然进化论打破的。在这一过程中，拉马克、达尔文、赫胥黎、海克尔等科学家作出了巨大贡献，但他们立足于自然进化史和自然发生论的研究结论，只是唯物主义取得胜利的一个起点，还不能完全标志着唯物主义的最终胜利。拉马克在《动物论哲学》中率先引入进化论以探讨人类起源，第一次对神创论进行了科学上的挑战。达尔文在《物种起源》和《人类的由来及性选择》中，直接对人类由古类人猿演化而来进行了论证，并且得到了赫胥黎的坚决支持和大力宣传。海克尔在《自然创造史》中更是提出了人类系统发展的谱系的设想。这些研究成果已被古人类化石学、分子生物学等证实。

在人类起源问题上主张自然进化论的自然唯物主义观点，冲击了流行已久的各种神创论，而费尔巴哈为这场理论斗争画上了句号，在哲学史上具有非常进步的意义。但自然唯物主义那里隐藏着一个巨大的缺陷，就是它不能作出真正科学的解释，以说明由类人猿向真正的人转变的根本原因。他们强调了人与动物的同源性，但没有解释其间的差异性；只看到了人与动物的量的层面上的区别，但没有区分其质的不同。人如果仅仅作为自然存在物，仅仅是生物学意义上的人，人类社会将是没有什么历史意义的，人们的活动就不会成为历史活动。

马克思主义解答人类社会演化发展之谜的核心，就是提出了关于劳动创造人的学说。马克思和恩格斯认为，劳动创造了人，劳动是人类的本质活动，劳动创造了属于人自己的物质生活条件，是揭开人类之谜的钥匙。劳动是使人从动物界脱离出来的原因，也是人能够适应自然、改造自然、利用和开发自然的原因。人的主体性就表现在实现自己本质力量的社会实践活动之中。人们实现自己的本质力量的过程，表面看来是支配自然、把握自己命运的过程，但实际上是把人的本质力量由潜在变成现实的过程，因此也是人类自我完善、自我解放的过程。劳动与人类的物质生产密切相关，是人类社会生存和发展的基础，因而物质资料的生产活动构成了人的自然本质。它在社会实践活动中形成，也在社会实践中表现出来，并且在社会实践中不断改变和逐步发展。因此，没有劳动就没有人的本质的形成。

马克思批评了自然唯物主义者关于抽象的人的观点。抽象的人与现实的人是对立的。现实的人不仅在自然的或生物学的意义上生成，还必须在历史的情境下生成，他必须经历社会教化的洗礼，经过教育和劳动技能训练，并参与社会活动。只有共同的社会因素的作用，自然人才能成长为现实的人。马克思主义认为，人与动物的根本区别是生产劳动，制造和使用工具的活动使人类最终脱离了动物界，人同猿类彻底分开。因此，只有用劳动的观点才能说明人类的起源，说明人从动物界提升、脱离和转变的根由。

人类社会的生存和繁衍，完全有别于单纯依赖于生物本能的动物界。人的社会属性，能够为人的自然属性源源不断地注入社会化的内容。不从社会属性认识人的本质，人将不会从动物界脱离出来，也将与动物与自然无所差别。人类社会的历史运动，也就更无法理解了。

马克思反对将"人"这一概念进行抽象化的解读，反对将人视为自然存在物，而是主张将人视为社会存在物，强调要从现实的具体的个人去理解"人"这一概念。他指出："我们的出发点是从事实际活动的人……但不是处在某种虚幻的离群索居和固定不变状态中的人，而是处在现实的、可以通过经验观察到的、在一定条件下进行的发展过程中的人。"①由于这一界定，马克思主义必然会从人赖以生存的自然条件和具体的生活条件出发，来谈论人类社会以及人性等问题。

正因为如此，马克思和恩格斯才第一次在人类自我认识史上明确提出劳动创造了人和人类社会的观点。恩格斯在《自然辩证法》中专门阐述了这个论断："政治经济学家说：劳动是一切财富的源泉。其实，劳动和自然界在一起才是一切财富的源泉，自然界为劳动提供材料，劳动把材料变为财富。但是劳动的作用还远不止于此。劳动是整个人类生活的第一个基本条件，而且达到这样的程度，以致我们在某种意义上不得不说：劳动创造了人本身。"②

（二）解答历史之谜

要理解历史之谜，我们可以在马克思那里可以找到更好的

---

① 《马克思恩格斯选集》第一卷，北京：人民出版社2012年版，第152—153页。

② 《马克思恩格斯选集》第三卷，北京：人民出版社2012年版，第988页。

答案。在某种意义上，马克思在其著作中表述出来的东西，比当前世界的活生生景象更具体，比在场的东西更真实。当我们说"今天马克思仍然在场"时，我们不是指他本人著作的在场，而是其所阐释的主题和思想对于当今世界仍具有巨大的契合性和针对性。

一些历史虚无主义者认为，历史难以考证。比如，卡尔·贝克尔认为，由于大部分历史事件没能记载下来，以致永远消失在历史深处，能够接触到的历史记载也只能是少数事件，而就是这些仅有的少数事件本身也并不能充分地加以肯定。[①]而马克思主义认为，历史具有规律性，不仅有迹可循，而且有据可考。古人说，"以史为鉴，可以知兴衰"，说的就是这个道理。马克思正是从历史的发展轨迹中探究到了人类社会发展的规律。

马克思主义解答历史之谜的第一把钥匙，就是关于人的本质的理论。马克思认为，"人的本质不是单个人所固有的抽象物，在其现实性上，它是一切社会关系的总和"[②]。人类在劳动的过程中，总是结成一定的社会关系，其改造自然和进行自身活动的行为并非彼此分割和孤立的。也就是说，人们在物质资料生产过程

---

① ［美］卡尔·贝克尔：《人人都是他自己的历史学家》，王造时译；载田汝康、金重远选编：《现代西方史学流派文选》，上海：上海人民出版社1982年版，第259页。

② 《马克思恩格斯文集》第一卷，北京：人民出版社2009年版，第501页。

中，由于人类劳动的特点，必定会形成一定的社会关系，这种社会关系是历史地发展着的。在物质生产资料的生产过程中形成的、全部社会关系的总和，就构成人的本质的主要内容。这是马克思主义对人的现实性和主体性给予充分肯定的立足点。

人的自然属性是人的社会属性的物质承担者，但不是人的本质属性。马克思主义认为人的本质是"一切社会关系的总和"，并非要否定人性包含的自然属性因素。马克思将人性与兽性区别开来，同时也将人性与神性区别开来，与唯心主义、旧唯物主义均划清了界限。马克思主义不会否认人的自然属性，人的生理构造、食欲、性欲等生物本能，作为自然属性是必要的，它们是人的社会属性的物质承担者，也是人的社会属性的存在前提和基础。但是，人并不单纯是自然的存在物，作为群体性的社会的存在物，只有社会属性才能真正体现人的本质。人的自然属性通过社会的劳动过程而改变，因为社会的规范或审美趋向而改变，是一个常态。没有经过社会属性的洗礼，无论是历史还是在现实中，人所具有的自然属性都难以被正确理解。不仅如此，马克思主义还认为，人的本质不会永恒不变，而是历史的、发展的。这是因为社会关系不是固定不变的，而是随着社会生产力和生产关系的矛盾运动而不断发展变化的。在每个时代，人的本质都在历史地发生变化。迄今为止，人类社会已经经历了五种社会形态的变更，不同社会形态下的社会关系决定了人的本质的历史性差异。

马克思解答历史之谜的第二把钥匙是关于社会基本矛盾和阶级斗争的学说。马克思认为，劳动不仅创造了人，而且在人们的劳动关系中形成了人的本质。在社会关系中，物质的社会关系和思想的社会关系两者地位是不一样的。物质的社会关系一般指生产关系，包括生产、分配、交换和消费等不同方面，是人们在物质生活资料生产活动中形成的经济关系。思想的社会关系包括政治的、法律的、道德的、宗教的关系等，它们是建立在物质的社会关系基础上的。在阶级社会中，生产关系集中体现为阶级关系。所以，"生产以及随生产而来的产品交换是一切社会制度的基础；在每个历史地出现的社会中，产品分配以及和它相伴随的社会之划分为阶级或等级，是由生产什么、怎样生产以及怎样交换产品来决定的。所以，一切社会变迁和政治变革的终极原因，不应当到人们的头脑中，到人们对永恒的真理和正义的日益增进的认识中去寻找，而应当到生产方式和交换方式的变更中去寻找；不应当到有关时代的哲学中去寻找，而应当到有关时代的经济中去寻找"[1]。在阶级社会里，人的本质具有鲜明的阶级性。在

---

[1] 《马克思恩格斯选集》第三卷，北京：人民出版社2012年版，第654—655页。

各种社会关系中，物质关系是本源，其中的生产关系起着最基本、最直接、最主要的作用，会决定和制约着其他一切社会关系。阶级斗争之所以成为历史发展的动力，根源也在于此。

马克思主义认为，历史不能从精神领域产生，不能单纯来源于精神活动。在精神领域内不可能寻找到历史的动力。同样，对精神现象的批判也不能为历史的演变提供科学的解释。相反，只有通过对物质世界的分析，才能解答好人们对历史的追问。只要人们深入到现实物质生活中，深入到现实中的生产力和交往形式框架下，历史的动力之谜就迎刃而解了。革命永远是历史的主题，历史的动力是革命，尤其是生产力的革命。在历史的动力中有两个维度，一个是生产力的变革，另一个则是生产关系也就是马克思所说的交往形式的变革，后者在终极意义上也是由前者决定的。无论是生产力因素，抑或是生产关系方面的因素，以及精神世界里的历史变化，它们归根到底都是由经济的原因所造成，并以此发生作用。

（三）回答时代之问

科学阐明资本主义时代的本质和特点，是马克思主义理论的突出特征。马克思不朽的功绩就在于："他把无产阶级、劳动人民的党从空话下面解放出来，并给了党一个坚实的牢固的科学基础。他是科学上的革命家，是运用科学的革命家，他登上了科学的最高峰，是为了从那里走向人民，使科学成为人民的共同财富。"①从现实生活出发，马克思主义科学地解释了资本主义社会各种现象背后的本质，通过总结历史发展的客观规律，得出了资本主义必然灭亡和社会主义必然胜利的科学结论。

在资本主义刚刚走上统治舞台，正式确立自己的政治统治时，马克思就科学地回答了"资本主义将走向何处"的历史难题。马克思结合西欧社会发展过程中生产、交往和分工的发展，分析了西欧社会走向世界历史的进程。在马克思看来，"物质劳动和精神劳动的最大的一次分工，就是城市和乡村的分离。城乡之间的对立是随着野蛮向文明的过渡、部落制度向国家的过渡、地域局限性向民族的过渡而开始的，它贯穿着文明的全部历史直至现在"②。正是从城乡分离开始，才逐渐出现了以分工和劳动工具为基础的资本的积聚，从而形成了资本的最初形式——等级资本。"它是由住房、手工劳动工具和自然形成的世代相袭的主顾组成的，……是直接同占有者的特定的劳动联系在一起、同它完全不可分割的资本。"③随着分工的发展、发达的流通和世界性的

---

①　［美］菲利普·丰纳：《马克思逝世之际——1883年世界对他的评论》，王兴斌译，北京：北京出版社1983年版，第26页。

②　《马克思恩格斯文集》第一卷，北京：人民出版社2009年版，第556页。

③　《马克思恩格斯文集》第一卷，北京：人民出版社2009年版，第558页。

交往，资本主义摆脱了其原始形式而获得了现代形态。

马克思虽然肯定了资本的文明面，认为其推动了历史的进步，将人民从宗教的压迫和神学的统治下解放出来，促进了社会生产力的快速发展，甚至肯定资本在不到100年里创造的生产力比以往一切时代创造的都要大，都要多，但他仍不吝笔墨，对资本主义社会下的人性扭曲进行了最无情、最充分、最彻底的揭露。马克思对资本主义的批判并没有诉诸情感上的愤慨，也非出于个人的好恶，而是立足于对历史进程的客观分析。

罗纳尔多·蒙克认为，以前只要有人提及"后资本主义"生活都会被认为是一个空想者，但今天存在一个深刻且广泛的认识：资本主义正在达到其极限。他指出："我们现在正在见证的是一种普遍的意识，即资本主义具有危机倾向性，它不是长生不灭的，可以就后资本主义生活进行严肃的发问。"[1]马克思指出，在私有制条件下，资本家和工人都陷入不能自主的地步，"工人和资本家同样苦恼，工人是为他的生存而苦恼，资本家则是为他的死钱财的赢利而苦恼"[2]。社会化生产被少数人控制并且日益扩大，但经济发展带来的利益被少数人占有，资本主

---

[1]　Ronaldo Munck. Marx 2020: After the Crisis. London: Zed Books, 2016, p.207.

[2]　《马克思恩格斯文集》第一卷，北京：人民出版社2009年版，第119页。

义的矛盾在其自身范围内没有办法得到克服。

马克思对资本主义的批判穿越了一个多世纪，滋养了无数学者。在对马克思的批判性思考基础上，西方社会逐渐衍生出一些新的学派，在当代西方社会中其学术藤蔓仍顽强生长和不断延伸着。远者可以上溯到法兰克福学派，近者可以列举出鲍德里亚、齐泽克等，他们都被马克思的批判精神所吸引，至今它仍被呵护、借鉴和运用。一些西方马克思主义学者还在坚持用犀利的批判视角对资本主义进行审视，如对消费资本主义的鞭挞，对资本主义社会下人生意义的重构，对资本通过媒体进行真实再造的剖析，对数字资本主义控制劳动过程的批评，对晚期资本主义掠夺手段的控诉，对资本文化扭曲人类审美倾向的经济学分析，以及对资本客体挤压和驯化社会主体现象的抨击，等等。这些思想遗产，让马克思在去世近一个半世纪后，仍始终"在场"。

尽管资本主义发生了巨大变化，但当代世界仍是一个由资本特别是国际垄断资本主导的世界，这一总体格局没有改变。20世纪80年代以来，代表大垄断资本利益的新保守主义思潮及其政策在经济发达国家兴起。在经济全球化背景下，生产和消费失衡、资本和劳动对立、财富和收入分配分化，这是资本主义基本矛盾演化和冲突的必然结果，只能在马克思主义的逻辑框架和分析方法下能够被科学地解释和说明。2017年9月29

日，习近平总书记在中共中央政治局就当代世界马克思主义思潮及其影响进行第四十三次集体学习时强调指出："尽管我们所处的时代同马克思所处的时代相比发生了巨大而深刻的变化，但从世界社会主义500年的大视野来看，我们依然处在马克思主义所指明的历史时代。"马克思主义对历史发展客观规律的揭示，科学地指明了人类前进的方向。马克思主义的基本结论及方法论中所蕴含的历史洞见和真理光芒，是对人类走向未来的重要启示和科学引领。

二、批判的武器：资本主义的病危通知书

要寻找到一个最了解资本主义的人，这个人非马克思莫属。马克思对资本主义弊端的抨击与揭露可谓是鞭辟入里。当资产阶级学者将资本主义社会作为永恒的社会看待时，马克思预告了资本主义的死亡。他从历史深处探寻资本主义的源起，发现了资本主义"生"的秘密；他从现实场景中分析资本的价值增殖，剥开了资本主义生产过程的"黑箱"，探究出资本主义发展壮大的奥秘；他从商品被倾倒、过剩资本被消灭、工人阶级日益贫困化的现象背后，揭示资本主义生产方式的内在矛盾，在生产无限扩大和需求相对缩小、生产计划性和竞争无序性中，预见了资本主义的末日。

（一）资本主义社会的治病良医

如果说资本主义社会是一个病人，那么马克思就是一个最好的医生。马克思为资本主义所下的诊断书，已经一再被资本主义这个病人的病症所验证。这一诊断的过程，集中体现在马克思的著作《资本论》中。

《资本论》揭示了资本主义社会化大生产的全部秘密。马克思肯定社会化生产在促进生产力发展中的作用，但也告诉我们资本限制生产力发展的缘由。马克思指出了资本主义生产无限扩大的动机及其背后的深层逻辑，但也指出了这一扩大的后果，揭示了资本主义经济危机的必然性。马克思分析了无产阶级因资本主义发展物质生活有时也会得到有限改善的事实，但也深刻指出工人阶级相对贫困化是资本主义的痼疾，所有这些都是资本主义制度自身无法克服的死结。马克思还追溯了资本确立自身统治的"历史秘密"，即所谓资本原始积累过程的残酷性和非正当性。马克思指出，资本主义社会的财富积累在本质上是与整个人类的诉求相分裂的，它的一端是财富在资产阶级内部的积累，另一端则是贫困在无产阶级内部的积累。生产领域的经济过剩危机和分配领域的两极分化，是同一种本质的两种表现。

《资本论》的批判性价值，不仅是社会层面的，而且是理论层面的。马克思创立了科学的概念体系，真正地揭示了市场经济发展规律和运行规律。在这些规律中，马克思将劳动的相关概念作为出发点，包括具体劳动与抽象劳动、必要劳动与剩余劳动、简单劳动与复杂劳动、劳动生产力等，为科学地说明社会生产本质确立了理论前提。马克思创立了准确而深刻的资本概念体系，用以说明资本的行为特性和运行规律，这些概念体系包括不变资本与可变资本、固定资本与流动资本、产业资本与商业资本、土地资本与生息资本等。不仅如此，马克思还透过现象，在科学的抽象力帮助下确立了与剩余价值相关的概念体系，包括产业利润、商业利润、银行利息和地租等，说明了资本主义经济现象背后的利益因素及其本质。当然，这些概念和范畴对社会主义市场经济体制也具有重要的借鉴价值。

马克思借鉴了前人在政治经济学领域的研究成果。按他自己的话说，是借用了国民经济学的语言，但是他更注重对后者的改造。资产阶级古典政治经济学尽管建立了劳动价值论，但并不彻底，当他们面临价值向交换价值或价格的转化、资本和劳动间的交换等问题时，立即陷入了困境，无法说明资本主义的现实。马克思通过对具体劳动和抽象劳动的区分，阐明了作为商品经济一般规律的价值规律，通过对劳动力价格和劳动价值的区分，揭示了雇佣劳动制度的本质。批判是马克思的理论利器，没有对资产阶级政治经济学的批判和改造，马克思就不可能建立科学的剩余价值理论。

剩余价值是马克思经济理论中的"核心概念"，自从马克思首创这一概念以后，笼罩在无酬劳动上面的各种遮羞布就被彻底揭开了。其实在马克思之前，古典政治经济学早已经开始运用利润、利息、地租等概念来解释无酬劳动。应当说，资产阶级经济学家当时就已经意识到，所有这些概念，在其来源上都不过是劳动者向资本家提供的无酬产品的一部分。但古典政治经济学的研究始终没有超越具体现象层面的狭隘范围，只能分割地理解，分别地加以解释。他们根本不理解诸如利润、利息之类的资本表现形态背后具有本源上的同一性，他们也不能从中抽象出不同资本表现形态背后隐藏的共同实质，从而不可能在整体性和同一性的意义上研究无酬产品。因此，他们无法真正地揭示出无酬劳动的起源和性质，也无法揭示出与之相应的分配规律。古典政治经济学家"都犯了一个错误：他们不是纯粹地就剩余价值本身，而是在利润和地租这些特殊形式上来考察剩余价值"①。马克思则明确地指出，在资本主义条件下，利润、地租、利息等实际上是同一个东西，它们不过是剩余价值的转化形式。剩余价值本质上是被资本家无偿占有的劳动者创造出来的新价值，这就揭示出资本主

---

① 《马克思恩格斯全集》第三十三卷，北京：人民出版社2004年版，第7页。

义剥削的真正秘密。马克思本人曾自豪地宣布，"我的著作中最精彩的部分"一定有剩余价值论，因为"所有对事实的理解都建立在此基础上"①。

马克思的剩余价值理论，受到包括资产阶级经济学家在内的学者的高度重视，如萨缪尔森对此曾做过这样的回应，"剩余价值是在道德上没有理由的超过劳动成本之上的加值"，马克思正是通过"剩余价值"，"试图（a）揭露资本家剥削劳动者的性质，以及（b）说明经济发展和垂死的资本主义的运动规律"②。如果马克思的剩余价值理论正确的话，"是对资本主义的罪行的一个严重判决"③。

马克思主义为替代资本主义、实现工人阶级的解放寻找到了现实的出路。马克思认为，资本的诞生标志着一个新时代的出现，资本主义的确通过对劳动的统治创造了极其伟大的物质力量，但资本主义的局限性也隐藏在其中。由于资本主义的生产资料私有占有制，资本所激发出来的社会生产力也带来了另一个必然的后果，即资本创造财富的力量却变成了人们的异己的力量。

---

①　K. Marx and F. Engels: Selected Correspondence, Moscow: Progress Publishers, 1975 , p.180.

②　［美］萨缪尔森：《经济学》下卷，北京：商务印书馆1982年版，第316页。

③　［美］萨缪尔森：《经济学》下卷，北京：商务印书馆1982年版，第317页。

劳动者不仅被资本家所支配，他们还要被物质所支配，被自己所创造的劳动成果所控制、所支配，资本转化成为一种与劳动相对立的统治力量。因此，只有让全社会共同占有生产资料，按照共同的利益和意志来生产，社会生产力的发展才能摆脱资本主义的束缚。只有掌握现代化物质力量的无产阶级，采取最坚决的革命行动，才能推翻资产阶级的统治，为新社会奠定新的基础。在分析资本主义经济发展规律的基础上，马克思认为，资本主义生产方式的内在矛盾决定了资本主义必然灭亡，并且对未来社会作了科学的预测和设想，描绘了共产主义社会的理想蓝图。

（二）现代社会瘟疫的病理师

自从1925年资本主义世界爆发第一次经济危机以来，生产过剩现象已经成为资本主义社会的现代瘟疫。对这一瘟疫的产生原因，不同理论学派有不同的看法，但马克思分析得最深刻。

在马克思看来，尽管引发资本主义经济危机的因素体现在四个方面的矛盾中，但根源却只有一个。表面看来，导致经济危机爆发的矛盾存在于多个方面，主要包括：资本力图无限发展生产力和市场扩大有限之间的矛盾，生产无限扩大和消费相对缩小之间的矛盾，供给和需求之间的矛盾，社会化大生产要求按比例进行和资本主义制度无法保持这种比例之间的矛盾，等等。但这些矛盾的基础，却建立在资本增殖过程中的内在整体性与各个要素独立性的矛盾基础上。

马克思指出："到目前为止，我们在价值增殖过程中只是指出了各个要素互不相关的情形；它们在内部是互相制约的，在外部是互相寻求的；但是可能寻求得到也可能寻求不到，可能互相一致也可能不一致，可能互相适应也可能不适应。联系在一起的一个整体的内在必然性，和这个整体作为各种互不相关的独立要素而存在，这已经是［Ⅳ-22］种种矛盾的基础。但是，这还决不是问题的全部。生产和价值增殖之间的矛盾——资本按其概念来说就是这两者的统一——还必须从更加内在的方面去理解，而不应单纯看作一个过程的或者不如说各个过程的总体的各个要素互不相关的、表面上互相独立的现象。"① 由于价值增殖过程中的各个要素在内部是互相制约的，在外部是互相寻求的，联系在一起的一个整体的内在必然性，和这个整体作为各种互不相关的独立要素而存在，本身即已经是各种矛盾的基础。

马克思进一步指出，核心的问题不在于这些矛盾，而在于这些矛盾赖以产生的基础。资本主义经济危机中呈现出来的，并不是生产和消费、供给和需求等一般商品生产所固有的限制，而是

① 《马克思恩格斯全集》第三十卷，北京：人民出版社1995年版，第395页。

以资本为基础的生产固有的限制。这种限制是从两个方向来看的同一个限制：资本并不像经济学家们认为的那样，是生产力发展的绝对形式，也不是与生产力发展绝对一致的财富形式。资本积累之所以转化成为其自身的对立面，主要根源在于生产资料的私人占有制度与社会化生产之间的紧张关系，使得在生产无限扩大的同时，社会的消费却相对缩小。实际上，商品经济越是发展，商品生产和交换的广度越大，私人占有制度下的资本主义生产就越是与社会化的生产组织要求相背离，资本本质上反映的那种社会关系，决定了整体和其独立要素之间的对立，这才是经济危机的根源。①

马克思对经济危机中生产力发展的直接作用和间接作用给出了区分。②就前者而言，生产力的发展意味着使不变资本的各要素和生活资料贬值，从而提高相对剩余价值和利润率。但客观上看，发展生产力又必须缩小可变资本同不变资本的比例，最终降低利润率。这样，生产力发展同时具有利润率提高和下降的两种趋势。就间接作用而言：生产力发展意味着减少劳动量，但由于

---

① 王志伟：《马克思经济危机理论的有效性》，《贵州社会科学》2013年第2期，第100—104页。

② ［德］米夏埃尔·亨利希：《存在马克思的危机理论吗？——进一步理解马克思〈政治经济学批判〉手稿中的"危机"概念》，夏静译，《马克思主义与现实》2009年第4期，第18页。

用同样的资本额可以购买更多的使用价值，从而又可以增加所使用的劳动量。

这样，资本主义就面临着一个难以克服的矛盾："这些不同的影响，时而主要在空间上并行地发生作用，时而主要在时间上相继地发生作用；各种互相对抗的因素之间的冲突周期性地在危机中表现出来。危机永远只是现有矛盾的暂时的暴力的解决，永远只是使已经破坏的平衡得到恢复的暴力爆发。总的说来，矛盾在于：资本主义生产方式包含着绝对发展生产力的趋势，而不管价值及其中包含的剩余价值如何，也不管资本主义生产借以进行的社会关系如何；而另一方面，它的目的是保存现有资本价值和最大限度地增殖资本价值（也就是使这个价值越来越迅速地增加）。"[①]可见，生产力发展一方面受资本主义生产方式的制约，另一方面它又不断地受到这个生产方式所设定的界限的影响，导致相互矛盾的结果。这些结果只能在危机中消失，每一种"平衡状况"总是遭受资本特有的动态的破坏。

在当代资本主义经济危机中，新自由主义起到了一个反面角色的作用。新自由主义主张的放松管制，实质上使金融部门成了资源配置的独立领域，使社会资本再生产过程脱离了从商品到货

① 《马克思恩格斯文集》第七卷，北京：人民出版社2009年版，第277—278页。

币的"惊险的跳跃"过程，还将大量的资源卷入虚拟经济的帝国中。在全社会盛行的投机行为中，对冲基金处于金字塔的顶端，吞噬着社会新创造的财富。在金融创新的名义下，放松银行管控无疑就是取消或半取消银行系统的自律机制。出于逃避监管的目的，商业银行可以利用各种所谓"创新工具"或"手段"，在账面上对不同类型的贷款和投资给予模糊化处理；杠杆机制成为投机的新渠道，即使银行达不到资本储备量要求，也可以对包装后的债务产品进行信贷交易。作为政策背景的则是经济刺激政策的滥用，使本该被经济法则摧毁的过剩生产能力和过剩资本高歌猛进。总之，新自由主义的市场经济创造了一个巨大的债务泡沫，躺在丰厚的利润上，虽因管制的自由化暂时散发着致富的神话光彩，但最终并不能在资产价格不断抬高的压力下而免于破灭。正如马克思指出的："资本不可遏止地追求的普遍性，在资本本身的性质上遇到了限制，这些限制在资本发展到一定阶段时，会使人们认识到资本本身就是这种趋势的最大限制，因而驱使人们利用资本本身来消灭资本。"①

以国际金融和经济危机为例，美国次贷危机是国际经济危机的导火索，而它并不是危机的根源。次贷问题产生于工人阶级购

---

① 《马克思恩格斯全集》第三十卷，北京：人民出版社1995年版，第390—391页。

买力的相对萎缩，但需求不足是产生于劳资失衡。经过近40年新自由主义的"洗礼"，美国的生产社会化程度空前提高，但资本对劳动的压榨却更加残酷，严重的贫富分化导致社会财富差距迅速拉大，社会矛盾日益尖锐。剩余资本只能通过危机来摧毁，在这个意义上说的当代资本主义，与马克思时代的资本主义并无本质区别。马克思对资本主义的论断没有过时，相反随着时间的推移，愈发显示出深邃的理论说服力和历史洞察力。

可见，资本主义经济危机是由其生产过程和特点决定，而非技术层面因素或个别环节所决定。西方主流经济学擅长用一些枝节因素来掩盖危机的本质。在早期，他们用边际效应、心理定律等解释经济危机；在近期，他们用能源供给、国际贸易失衡等解释经济危机。对于2008年爆发的西方金融危机，他们归因于"信心不足"，也有人将其怪罪于"次级贷款"等金融工具以及"金融组织操作失误"，而根本无视资本主义基本矛盾所引发的生产相对过剩这一根源。其解释口径之易变、辩护技巧之低劣可见一斑。因此，他们在马克思主义的著作面前，一次又一次地受到鞭打和嘲笑，也是必然的了。

（三）资产阶级命运的敲钟人

资产阶级是和无产阶级相对立的，它是资本主义制度的伴随物。资本主义制度的产生，撕掉了人与人间的温情的面纱，将人们的情感抛入商品经济条件下冰冷的算计之中。资本的原始积累，本身就带有一种原罪。马克思指出，"资本来到世间，从头到脚，每个毛孔都滴着血和肮脏的东西"。历史上，从理论上表达对资产阶级痛恨的人数不胜数，敲响资本主义丧钟的也不乏其人，但马克思是第一个在真正意义上为资产阶级未来命运敲响丧钟的人。

马克思之所以能够真正为资产阶级的命运敲响丧钟，有两个方面的贡献是他人所无法替代的。一是他在社会发展趋势中发现了资本主义生产关系难以为继的真正原因，揭示了资产阶级的反动和落后的面目；二是他在社会矛盾的解决中发现了无产阶级的革命性力量，为资产阶级找到了掘墓人。

马克思主义是在汲取当时资本主义发展的科学成果基础上确立的，但这种汲取建立在科学批判的基础上。在资本主义社会尚处于发展时期，马克思就对其未来被取代进行了设想，这种设想是通过对资产阶级政治经济学的超越实现的。

马克思摒弃了资产阶级经济学的方法，不是从财富出发，而是从社会生产出发来探讨这一问题的本源。亚当·斯密认为，政治经济学的目的就是促进国民财富的增长。"政治经济学，提出两个不同的目标，第一，给人民提供充足的收入或生计，或者更确切地说，使人民能给自己提供这样的收入或生计；第二，给国家或社会提供充分的收入，使公务得以进行。总之，其目的在于富国裕民。"①马克思虽然承认其历史作用，认为"在亚当·斯密那里，政治经济学已发展为某种整体，它所包括的范围在一定程度上已经形成"，然而，亚当·斯密的理论局限性是明显的。亚当·斯密将资本主义生产方式的永恒性作为理论的出发点，生产资料的私有制在他那里只是一个前提，是社会生产的不变前提。至于这个前提能否维持，在何种程度上能够维持，他并没有进行进一步的讨论。这一传统被后来的西方经济学者所延续，庸俗经济学至此粉墨登场。关于资本主义社会向何处去的问题从此在非马克思主义经济理论中消失了。

对资本主义的未来，马克思进行了科学的分析。马克思对后资本主义时代的观点是务实的。马克思没有像空想社会主义那样，将后资本主义社会建在空中楼阁之上。空想社会主义所设想的乌托邦的未来，并不是马克思眼中的未来。马克思没有将它们强加给工人阶级，让工人阶级按照某种图纸或预案来构建社会的未来。在马克思看来，消除资本主义私有制是一个必要的环节，但这对于重建未来社会是远远不够的。"社会主义对于马克思而

---

① 亚当·斯密：《国民财富的性质和原因的研究》下卷，郭大力、王亚南译，北京：商务印书馆1974年版，第1页。

言远不是废除私有财产或者市场那么简单，马克思对资本主义之后生活的设想的核心内容是其激进的自由概念，在那里，每个人的自由发展是消除一切约束他们自治权的条件。如果自由联合生产者想要创造一个胜过资本主义的社会，资本主义的异化社会关系必须被超越。"①

在关于未来社会的科学设想中，马克思强调了发展社会生产力的决定性作用，主张使社会生产力发展到足以消除商品经济的程度，以最终根除资本主义私有制。而要消除商品经济，社会生产的组织就必须按照自由人联合体的方式来构建，社会生产也应当有目的、有计划性地进行，使人们的劳动和其劳动对象、劳动工具之间调整到最适应生产力快速发展的状态。

三、不朽的理想：马克思主义与社会正义

马克思主义的真理性，来自他的理想主义情怀。他的理想是站在全人类的共同利益和长远利益基础上的。全人类的彻底解放，是马克思主义所追求的目标。

---

① Ronaldo Munck: Marx 2020: After the Crisis. London: Zed Books, 2016, p.209.

（一）对公平正义的终极追问

公平和正义的理念，贯穿在马克思主义发展的始终，在其理论体系的各个部分均有体现。马克思在评价社会进步时，并不是将生产力发展作为唯一标准。马克思主义的理论体系，同样有着自己的价值标准和伦理道德标准。

在伦理道德标准方面，马克思借鉴了前人的正义观，并受到古希腊哲学家赫拉克利特的自然法正义伦理观的影响。他对苏格拉底、柏拉图、亚里士多德乃至西塞罗等人的正义观进行了批判性的研究。马克思对自然法正义观重视人本身所承担责任的观点持肯定性的意见。对于柏拉图在统治阶级内实行财产公有制度，马克思给予了点评，认为该制度是以奴隶制为模板，"只是埃及种姓制度在雅典的理想化"。伊壁鸠鲁从人们的彼此约定来分析公平和正义，将互利关系作为公正的要素，揭示了公正的相对性和公平标准的历史性，对马克思产生了很大影响。马克思在其博士毕业论文中，肯定了伊壁鸠鲁对人的崇高地位的确认和对人的意义的突显，同时也接受了近代哲学对自由平等的信奉和追求。

空想社会主义的价值标准对马克思也产生了巨大影响。如莫尔就指出："只有完全废止私有制度，财富才可以得到平均公正的分配，人类才能有福利。如果私有制度仍然保留下来，那么，大多数人类，并且是最优秀的人类，会永远被压在痛苦难逃的悲惨重负下。"①莫尔对资本主义原始积累的控诉和批判，触及了资本主义私有制在刚刚生成时所体现的本质。

马克思对正义的考察，是从批判资本主义的不人道和剥削入手的。马克思认为自然界为人类所共有，应当成为所有社会成员共同的家园。通过占有土地、生产资料来占有他人劳动，本身就是对他人的一种权利剥夺。特别是在资本主义条件下，资本对劳动的统治，不仅没有体现出正义性，而且极不合理。资本主义的生产资料私人占有比历史上的私有制导致的异化现象更加突出，资本主义社会中的物化和奴役，使劳动者不仅受资本统治，而且还受到自己劳动成果的支配。雇佣劳动制度的最大罪恶在于，它使被统治者的劳动不断生产出自身的对立面，即支配劳动者自己的"资本"。这种极不道德、极不公平的现象，在资本主义社会达到了极致。如果不废除资本主义私有制，不在高度发达的经济基础之上实现公有制，所有这一切非正义的社会现象就不可能消除，全人类的彻底解放也就不可能实现，更难以实现人类社会真正意义上的公正。

马克思主义的正义观，建立在其赖以产生和存在的物质生活基础之上。马克思并不从自然秩序或自然法则中寻求正义，也从

---

① ［英］托马斯·莫尔：《乌托邦》，戴镏龄译，北京：商务印书馆1982年版，第56页。

不认为正义标准具有永恒性。马克思主义将是否正义的判断标准建立在人类关于正义的主客观条件上。正义作为一种价值观念，是从属于社会进步进程的，根本的标准是社会生产力的发展。在马克思看来，从抽象的人性论得出的正义观念，只能是抽象的，缺乏实质内容的。只有将现实的物质生产关系、人们的切实利益纳入视野，正义才是具体的，对人有意义的。

在正义的内涵上，马克思认为正义属于上层建筑的范畴，它仅仅映射出现实经济关系与评价主体利益之间的关系，而不能通过主观的思想改变这种关系。马克思将政治平等建立在经济平等基础上，强调消除各种形式的等级制。马克思认为，法律意义上的公正正义，如果不体现现实经济关系，就没有具体的、科学的衡量尺度。单纯依靠法律意义上的合理性标准，正义的实质是无从体现的，正义的观念只有超越政治和法律领域，只有在经济领域才能最终找到归宿。马克思并不赞成平均主义，对于那种视完全平均为共产主义分配原则的主张，他称之为"粗陋的共产主义"，认为这种分配模式不会推动社会财富的增长和人的价值的增加，而只是从想象的最低限度出发的平均化的顶点，终将落后于时代的发展。

（二）对人类美好未来的不懈追求

马克思主义对人类的未来持乐观的态度，始终以人类的真正平等和自由为旨归。有的学者说，马克思主义的核心内容可以归结为两点：一是对资本主义制度的揭露和批判，二是对未来社会的憧憬和想象。这一观点并不全面，但马克思对未来美好社会的追求却是切实的。

尽管马克思关于未来社会的设想目前并没有实现，并且其实现在可见的未来还需要经历漫长的曲折和历程；尽管马克思关于未来社会的设想常常被一些人视为乌托邦，但人们可以见微知著，从已经发生的历史事实来判断马克思设想的预见性。如，马克思指出，科学在生产过程中的应用在未来社会生产中将起到决定性的作用，机器体系对人类体力劳动的替代推动了生产力的巨大进步，技术体系对人类智力劳动的替代同样会开创一个新时代；又如，资本主义生产过程将导致世界市场的不断扩大，推动全球的生产体系联结在一起，使民族的历史变为世界的历史（这一进程在今天叫"全球化"）；还比如，马克思认为，生产技术的发展将带来社会交往方式的变化，今天互联网下的人与人间的交流印证了这一点。要捍卫马克思对未来社会的构想，就不能不重视当代社会生产过程的这些新特征及其带来的改变。

马克思对未来社会的构想，不仅在社会主义国家被探索着用于指导实践，还吸引了一批西方学者进行研究和分析。美国左翼专栏作家布兰恩·琼斯在系列短文《马克思回来了》《马克思成为一位马克思主义者》《马克思的社会主义愿景》中展示了马克思对未来社会的想象。在琼斯看来，马克思关于未来社会设想的一个重要价值，就是确立了马克思主义的传统，从马克思的著作中探求没有贫穷和压迫、没有战争的不同社会类型。

在早期，马克思对共产主义曾经有一个定义，初步地阐明了其关于未来社会的基本思想："共产主义是对私有财产即人的自我异化的积极的扬弃，因而是通过人并且为了人而对人的本质的真正占有；因此，它是人向自身、也就是向社会的即合乎人性的人的复归，这种复归是完全的复归，是自觉实现并在以往发展的全部财富的范围内实现的复归。这种共产主义，作为完成了的自然主义，等于人道主义，而作为完成了的人道主义，等于自然主义，它是人和自然界之间、人和人之间的矛盾的真正解决，是存在和本质、对象化和自我确证、自由和必然、个体和类之间的斗争的真正解决。它是历史之谜的解答，而且知道自己就是这种解答。"①

尽管马克思在上述论述中提到了人道主义、人性复归和自然主义，但在走向未来社会的道路上，马克思主义从不寄希望于自

---

① 《马克思恩格斯文集》第一卷，北京：人民出版社2009年版，第185—186页。

发秩序的实现和自然法则的到来。马克思也不认为脱离政治革命的经济变革、"在以往发展的全部财产的范围内实现的复归"可以自发到来。他更多关注的是对资本主义社会制度的批判，并以这种批判作为武器，寻求消除这种制度背后的资本和劳动间的对抗性关系的道路。可见，马克思眼中的未来社会，不是放弃了正义的基本原则，而是在终极意义上追求正义的实现，即通过生产资料的公有制来奠定正义的根基，通过消除资本主义的对抗性关系来实现正义。

马克思的出发点永远是现实世界，而不是其心中的理想。马克思没有、也不会为未来社会作出具体而详细的规划，他将社会主义从虚幻的想象中拉回尘世间，并将其置于一个现实世界的科学基础之上。现实的人的需要，是马克思主义关注的重点。马克思主义认为，人的全面而自由的发展是未来社会的本质特征。在未来社会中个体的自由全面的发展不是也不可能是孤立的，而是和社会共同体的发展同步实现的。在某种意义上，实现人的自由而全面发展，是马克思主义对劳动人民的"终极关怀"。

（三）对共产主义社会的科学设想

在《共产党宣言》《资本论》《反杜林论》《哥达纲领批判》《社会主义从空想到科学的发展》等著作中，马克思和恩格斯曾多次对未来社会做出过科学设想和简要描述。概括起来看，对"未来社会"的经济特征，马克思和恩格斯认为主要体现在以下几个方面。

其一，在生产力层面，共产主义社会的社会物质财富将极大丰富。社会财富的这种极大丰富，将建立在更高的劳动生产率基础之上。由于劳动生产率的极大提高，传统的社会分工重要性逐步降低乃至最终趋向消失，工业和农业、脑力劳动和体力劳动、城市和乡村之间的差别逐步消失，劳动者成为自由的全面发展的联合劳动者。

其二，公有制取代私有制，生产资料占有和使用关系发生彻底的变革。生产力的高度发展，将导致建立在资本主义占有制基础上的全部生产关系不再适应其发展要求，由此而建立起适应生产力发展要求的新的生产关系。"生产力已经强大到这种关系（资产阶级所有制关系）所不能适应的地步，它已经受到这种关系的阻碍"。因此，未来社会中，将建立全部生产资料归全体劳动者所有的"社会所有制"，以取代旧的资本主义私有制，从而克服资本主义的基本矛盾。

其三，在"社会所有制"的基础上实行对生产、分配和消费的计划管理，即实行计划经济。同时消灭商品货币，消灭市场经济，实行产品经济。这是消灭资本主义基本矛盾造成的生产无政府状态的必然要求。

其四，在生产力高度发展和物质财富极大丰富的基础上，对全社会成员实行按需分配。其中，在共产主义的第一阶段，实行全社会范围内的、直接的按劳分配，即"每一个生产者，在作了各项扣除以后，从社会领回的，正好是他给予社会的"。而在更高的共产主义阶段，人类最终会将按需分配写在自己的旗帜上，这不仅是消灭资本主义剥削的必然结果，也是使社会生产服务于所有人自由发展的本质要求。

其五，未来社会的全部社会关系将发生彻底的变革，阶级差别将不再存在，国家将会逐步消亡，人们的社会观念将发生彻底的改变，随之也将产生新的社会生活方式和社会交往形式。

以上几点构成马克思对"未来社会"的基本设想。"消灭私有制"，就是要消灭资本主义生产方式赖以建立的资本家所有制基础，消灭资产阶级对无产阶级的剥削；就是要建立适应生产力发展要求的全体劳动者共同占有全部生产资料的"社会所有制"。在全社会实行计划经济，是适应商品经济消亡，在社会生产的组织上按照有计划按比例要求进行资源配置和安排社会生产，从而消灭资本主义基本矛盾和生产的无政府状态，把生产力从资本主义的桎梏中解放出来。在这样的计划经济基础上实行的必然是全社会范围内的按劳分配，并最终随着生产力的高度发展实行按需分配。而"国家将自行消亡""实现人类解放""人的自由全面发展"等设想，则是从马克思关于未来经济基础变革的基本设想中引申出的科学论断。上述几点是一个有机整体，是马克思从人类社会发展规律和趋势中得出的科学结论。

需要说明的是，人们有必要进一步了解马克思把"未来社会"划分为过渡时期、共产主义第一阶段、共产主义高级阶段的三个阶段划分理论。在通向共产主义"未来社会"的历史进程中，它们构成了历史发展的基本路径，并且成为现实社会主义运动和社会主义经济建设的指导思想和基本理论依据。众所周知，马克思把无产阶级夺取政权后的发展划分为三个阶段：过渡时期或称过渡阶段，共产主义第一阶段（列宁称之为共产主义初级阶段或社会主义），共产主义高级阶段。马克思常常把共产主义称之为"未来社会"，在另一些场合他则不加区别地把共产主义第一阶段和共产主义高级阶段称之为共产主义。从马克思对"未来社会"的基本设想中可以看出，马克思视野中的共产主义是不同于目前社会主义社会的一种更高的社会形态，也是人类社会进入更高的历史发展阶段后的产物。共产主义社会经济特征虽然主要从生产关系方面体现出来，但这种生产关系是和生产力的历史发展相互统一的。

（四）对人的价值的高度关注

马克思恩格斯对人的价值的关注贯穿其思想的整个发展进程。马克思在《1844年经济学哲学手稿》中，批评资产阶级的国民经济学家在探讨问题时，是从"虚构的原始状态"出发。与之不同，马克思提出，要从国民经济的事实出发，来说明"人的价值和人的贬值之间、垄断和竞争等等之间以及这全部异化和货币制度之间的本质联系"[①]。

在历史发展进程中，人的价值应当是得到增进的。但马克思认为，资本主义社会现实中人的价值却在贬值，这一矛盾的原因在于异化劳动，即被他人支配的劳动。马克思在后来的《资本论》手稿等著作中直接明确这种劳动就是雇佣劳动。在资本主义条件下，雇佣劳动与私有财产是相互依存的。要改变人的价值贬值现象，就必须消除私有财产，这只能在现实的共产主义运动中才能达到。

马克思主义认为，共产主义运动之所以能够避免人的价值贬值，首先在于它可以改善人的生存条件。只有改善了生存条件，人们才可能保持自己的体面和尊严。"工人除了为改善自己的整个生活状况而进行反抗，再也没有任何其他表现自己的人的尊严的余地。"[②]

---

① 《马克思恩格斯选集》第一卷，北京：人民出版社2012年版，第50页。
② 《马克思恩格斯选集》第一卷，北京：人民出版社2012年版，第105页。

人的价值的实现，需要建立在基本生活需要的满足上，然后才有可能有人的个性的发展的自由。很显然，"当人们还不能使自己的吃喝住穿在质和量方面得到充分保证的时候，人们就根本不能获得解放"[①]。无产阶级联合起来，对抗资本主义制度，反抗资产阶级的统治，这一行动本身就直接体现出工人对自身价值的肯定与追求。

马克思主义是从整体意义上来看待人的价值的。马克思和恩格斯主张，无产阶级的革命联合的实现，不能建立在追求个体意义的独立利益之上。这不是放弃自身的价值，而是通过利益联合体达到对自身价值的重新塑造。正是出于这一原因，马克思指出："共产主义和所有过去的运动不同的地方在于：它推翻一切旧的生产关系和交往关系的基础，并且第一次自觉地把一切自发形成的前提看做是前人的创造，消除这些前提的自发性，使这些前提受联合起来的个人的支配。"[②]可见，人的价值需要在社会关系中实现，如果不经过对原有社会关系的重塑，自由、富足、尊严等个人价值的最终和彻底实现也不可能。

---

① 《马克思恩格斯文集》第一卷，北京：人民出版社2009年版，第527页。
② 《马克思恩格斯选集》第一卷，北京：人民出版社2012年版，第202页。

本章小结

马克思主义的真理性，体现在对历史之谜和时代问题的解答，以及对人类社会发展规律的科学揭示。马克思主义的生命力，体现在对资本主义的批判，虽然资本主义的时代特征在不断发生变化，但资本主义制度本身所固有的基本矛盾没有变，其剥削工人阶级的制度特性没有变，社会主义取代资本主义是人类历史的必然趋势也没有变。马克思主义的吸引力，在于它对未来共产主义社会的科学设想和展望，以及对人类命运的终极关怀。马克思的思想"依然活着"。马克思主义不仅没有过时，而且在指引人类走向全面自由解放的道路中，呈现出极强的生命力和发展活力。

第四章

无穷的魅力

——21世纪的马克思主义

伟大的思想是否具有魅力，只有经受时间考验后才能得出结论。如果回顾19世纪各种思想家对未来的那些预言，人们将会惊诧、叹服于马克思和恩格斯的洞见。金融资本日益取得主导地位，城市和乡村之间的逐渐融合，人类开启对宇宙的探索，信息高速公路的发展，社会交往方式的变化，生态问题被提上日程，人工智能的出现，等等，这些在19世纪看来天方夜谭的事情，在21世纪的今天已然变成了现实。

马克思和恩格斯不是占卜师，他们不会也不可能在细节上为人类社会的未来图景做具体描绘，但他们坚信，建立在科学高度发达和社会生产力得到极大发展基础上的未来社会中，社会生产将具有无限可能性，从而使建立起这样一种社会制度成为可能："在这种社会制度下，一切生活必需品都将生产得很多，使每一个社会成员都能够完全自由地发展和发挥他的全部力量和才能。"[①]

[①]《马克思恩格斯文集》第一卷，北京：人民出版社2009年版，第683页。

可以说，马克思主义与悲观主义是对立的，对人类未来始终充满了信心。他们"对未来非资本主义社会区别于现代社会的特征的看法，是从历史事实和发展过程中得出的确切结论"[1]。正是由于这个原因，21世纪的马克思主义仍然在场，并且吸引着无数人从中汲取智慧和精神营养。

一、洞察现实：马克思的思想遗产

马克思离我们既远又近，远的是一个被简单化与教条化地看待的马克思，近的则是真正的、为后人提供观察世界的方法和分析工具的马克思。从没有一位思想家能像马克思那样，时刻关注和思考人类的命运，将大多数人的幸福作为理论的出发点；从没有一位思想家能像马克思那样，从人类生活的基本事实即物质资料的生产入手，对世俗事物和不合理现象进行最客观科学的批判，在批判中揭示人类社会的发展规律；也从没有一位思想家能像马克思那样，亲自投身于人类的解放事业，在革命斗争实践中检验自己的理论和探索人类解放的道路。

---

[1] 《马克思恩格斯文集》第十卷，北京：人民出版社2009年版，第548页。

（一）应对现实问题的基本方法

观察世界有很多视角和方法，从个体角度、个人利益角度还是从集体角度、共同利益角度，认识和理解世界是运用唯物主义的方法还是主观唯心的方法，把握事物规律是运用辩证的思维还是机械的思维，这些方法在各种理论家面前可谓因人而异。马克思超越前人的地方在于，他在科学地解释世界的基础上，更重视改变世界。马克思主义是实践的理论，指引着人们改造世界的行动。

马克思主义从诞生之日起，就不满足于站在历史大河的堤岸边，做一个纯粹的看客。马克思主张，在理解现实问题时，只有身临其境，身体力行，在行动中产生思想，将思想化为行动，才能达到理想的效果。对于无产阶级来说也是如此。马克思认为，无产阶级的利益和价值诉求，只能在革命实践中通过推翻资本主义私人占有制度才能最终得以实现。马克思主义的实践观，为人们应对现实问题提供了科学的指南。马克思主义肩负崇高的历史使命，就是要唤醒无产阶级。但要唤醒无产阶级，只有用最彻底的理论说服人，才可以实现。马克思主义固然不是一种纯粹解释世界的学说，但它要教育和引导工人阶级寻找自身解放的出路，就必须提供一种科学的理论。这种理论应当直接服务于无产阶级和人民群众改造世界的实践活动。马克思指出："哲学家们只是用不同的方式解释世界，问题在于改变世界。"①解释世界当然重要，但改变世界更难。要改变世界，需要主观见之于客观的行动，要立足于社会实践。实践观是马克思主义的鲜明品格，是马克思主义永葆生命力的力量之源。从马克思主义的内容来看，实践观点是马克思主义首要的和基本的观点，这一基本观点体现在马克思主义全部思想内容之中。只有在实践中，理论与实践才能达到统一，思想才能摆脱掉旁观的角色，达到现实的彼岸。可以说，以马克思主义为指导的世界社会主义运动，本身就是马克思主义的实践形态。

"立足于实践"是马克思主义理解世界的基点。马克思主义理论区别于其他理论的显著特征之一，就在于其"全部社会生活在本质上是实践的"②的观点。马克思主义不是书斋里的学问，而是为了改变人民历史命运而创立的。没有对现实的批判，社会实践的命题是不能成立的。

正是由于强调对现实生活的批判，马克思主义为解决现实问题提供了真正的答案。列宁强调指出，马克思主义理论本质上是批判的理论，"凡是人类社会所创造的一切，他都有批判地重新加以探讨，任何一点也没有忽略过去。凡是人类思想所建

---

① 《马克思恩格斯文集》第一卷，北京：人民出版社2009年版，第502页。
② 《马克思恩格斯文集》第一卷，北京：人民出版社2009年版，第501页。

树的一切，他都放在工人运动中检验过，重新加以探讨，加以
批判，从而得出了那些被资产阶级狭隘性所限制或被资产阶级
偏见束缚住的人所不能得出的结论"①。在新的现象和新的问题
面前，因循守旧没有出路，顺其自然没有作为。只有充分地占
有新的材料，研究这些材料背后隐藏的事物发展的规律和本质，
才能在自我认识上实现革命，从而在现实中有所作为。因此，
对旧的理论、思想和观念的批判始终是来自实践的需要，保持
批判性是马克思主义的重要品格。

马克思的批判，永远是直面现实生活。现实生活确立了马克
思进行社会批判的理论基点。在马克思看来，世界绝不是笛卡尔
认为的"有些物体有长、宽、高三个量向"②的世界，也不是费
尔巴哈感性直观的唯物世界，更不是黑格尔眼中的绝对理念。整
个所谓世界历史不外"是人通过人的劳动而诞生的过程，是自然
界对人来说的生成过程"③。因此，对哲学中的抽象世界的批判，
本质上也就是对现实生活世界的批判，哲学批判只有"把人们的
全部注意力集中到自己身上"，最终才会有出路。

马克思对现存世界的批判，永远保持着客观的立场，而非从

---

① 《列宁选集》第四卷，北京：人民出版社2012年版，第284—285页。
② ［法］笛卡尔：《哲学原理》，关文运译，北京：商务印书馆1958年版序言第14页。
③ 《马克思恩格斯文集》第一卷，北京：人民出版社2009年版，第196页。

个人情感出发。他从不抽象地谈论人道主义，从不讳言社会的政治斗争，而是主张"从道德乌托邦的抽象云雾里面降落到社会政治斗争的坚实地面上"①。

在马克思那里，批判是一个工具，而不是为了批判而批判。马克思的批判是服务于其革命主张的："历史的动力以及宗教、哲学和任何其他理论的动力是革命，而不是批判。"②在对待革命是否发生的问题上，马克思认为现实生活永远在变革着，革命在某种意义上是个永恒的主题。和资产阶级的所谓"纯粹的学者"不同，马克思认为真正的社会科学研究不可能回避革命话题。维克多·沃利斯科学地指出，马克思是第一个历史地分析资本主义，第一个指出资本主义的全球化发展趋势，第一个认为资本主义不断为自身的破灭创造条件的思想家。

马克思主义观察世界和应对现实问题的方法，给后人们以极大启示。即使是在今天的思想界，人们也会自觉或不自觉在自己的作品中渗入各种马克思主义的元素。即使他们意识不到此点，但并不意味着马克思主义离他们很远。比如对现代主义的批判性反思，对资本野蛮生长的警惕，对历史虚无主义的远离，对民族

---

① ［波兰］亚当·沙夫：《人的哲学》，赵海峰译，哈尔滨：黑龙江大学出版社2014年版，第99页。

② 《马克思恩格斯选集》第一卷，北京：人民出版社2012年版，第172页。

道德精神重建的呼吁等。可见，马克思不仅离人们很近，而且也活在当下。马克思主义的语言即使不体现在作品中，它也会体现在作品的视角和风格中，体现在人们看待世界、描写世界、分析世界和解决问题的方法中。

（二）分析当代社会的有效工具

马克思主义之所以是分析现代社会问题的有效工具，首先在于其科学的方法论，其次在于其基本观点的明确性和稳定性。马克思主义理论体系中的基本原理部分，不仅对人类历史经验进行了科学的概括，而且对以往的理论成果进行了科学的总结和提炼。马克思主义基本观点的正确性，已经被迄今为止的社会实践所证明。马克思主义的方法论，在分析当代社会问题时之所以有效，并不在于它本身独树一帜，而是在于它还可以被应用于实际。

马克思对人类社会特别是对资本主义社会的分析，是一种整体性的分析，也是一种动态性的分析。在马克思的视域中，处于历史发展中社会的政治、经济、社会等方面的变化趋势，以及文化、思想、宗教和艺术等层面所显示的时代性特征，是同一事物在各个维度的呈现，遵循着同样的内在规律。因而，在分析时需要在逻辑上保持与历史进程的一致性，但在阐释时则可以通过各个层面的分析交错进行。马克思将社会生活看作一个复杂的系统，认为人类社会具有自我演化和自我发展的性质。因此，在他的分析中，社会科学方法和自然科学方法也是相互统一、综合在一起的。马克思对资本主义社会的分析，不仅包含着法学、哲学和历史的观点，还包含着大量从人类学、政治学、心理学、社会学等方面进行的研究。

科学的抽象、逻辑的一致和广博的视野，使马克思倡导的方法在分析当代社会时具有无比的深刻性。马克思关于社会矛盾和阶级分析的方法就是其对社会现象进行高度抽象的分析后得出的科学结论。伊曼纽尔·莫里斯·沃勒斯坦认为，马克思阶级斗争理论依然适用于当今世界。2018年，在接受专访时，沃勒斯坦指出：马克思关于世界历史的发展观点与大多数资产阶级学者截然不同，马克思指明了资本主义的前途命运是走向死亡，现存的资本主义体系必将走向灭亡。当人们讨论马克思的世界观时，必然想到"阶级斗争"一词，在今天这一斗争方式依然适用。可以说，阶级斗争是实现更公正公平社会的重要途径。

马克思主义理论体系是庞大的、完整的和开放的。在今天的大学课堂上，在哲学、政治学、经济学、历史学、法学和社会学中，不提到马克思就意味着落伍和无知。在社交媒体和新闻评论中，马克思当年所运用的事件分析方法仍然适用并被广泛应用，马克思的影响力随处可见。在人类历史上，还从来没有一种学说，能够在世界范围内如此长时间地占据人们的思维，也从来没有一种理论，能够如此深刻地、颠覆性地改变世界的格局。

马克思主义诞生以来，尽管资本主义世界产生了各种对抗性的理论流派，却不能遮掩其理论的光辉。在马克思所揭示的现代资本主义社会命运的诅咒面前，资产阶级学者费尽心机，却无力扭转其辩护理论的无力。资本主义政府穷尽解数，使用了各种政治的、经济的、文化的手段，最终却难以摆脱经济危机和社会危机的冲击。正如马克思所预见的那样，资本主义危机不仅不会自然消失，而且还会不断加深。从石油危机、拉美危机、亚洲金融危机，到近年来的美国金融危机、债务危机和经济危机，资本主义的经济困境总是以近乎同样的形式，在不同地点不同领域反复呈现。资本主义社会矛盾的尖锐化也同样时刻困扰着各发达资本主义国家，从早期围绕工作日展开的斗争，到前几年席卷世界的"占领华尔街"运动，以至能源危机带来的欧洲各国此起彼伏的罢工示威等一系列政治社会危机，使资本主义不得不一次次站在危机的悬崖边。在当今这个快速变化的时代，马克思为我们正确认识当代世界的现实和发展变化，提供了一个科学的、具有全球意义的分析工具。

所有这一切的背后，都隐藏着这样一个深刻的事实：马克思当年所揭示的那些矛盾和社会问题还没有消失，马克思当年所面对的社会和历史场域还仍然存活于世，人们也仍然处于马克思所开列出的问题场域中。

这也就是说，当代世界的现实场景与马克思所针对的历史场景在本质上并无二致。当人们在这些历史场景中陷入困惑时，会被不自觉地拉回到马克思的逻辑中。无论人们如何思考如何行动，马克思的质问都在人们耳边回响，马克思主义所指明的历史运动轨迹也远未终结。

马克思的思想为资本主义心脏地区的社会主义运动提供了指针，在一些发展中的资本主义国家，各种替代资本主义的社会改革方案层出不穷。国际金融危机凸显了国际金融垄断资本统治的不可持续性。发达资本主义国家内部的社会不公日益明显，贫困和债务奴役等现象成为新的焦点难题。发达资本主义国家转嫁国内矛盾的做法，往往以新干涉主义的形式出现，构成了对国际秩序的冲击。以私有化为核心的新自由主义经济政策，不仅难以缓解资本主义各国的内部矛盾，还激起了其内部工人阶级的新一轮觉醒。以金钱政治为标志的西方国家的伪民主日益破产并逐渐失去其影响力。由资本力量所主宰的社会文化等领域，受到各国民众的普遍质疑和深刻反思。市场社会主义、生态社会主义、女权社会主义等各种源于马克思的社会主义思想和运动不断涌现。马克思提出的科学论断，即在生产资料公有制基础上建立人人平等的社会，仍然是世人的向往。建设一个取代资本主义的新社会，保证每个人能够更体面地生活，更公平地享受社会生产力发展的成果，仍然是当代世界发展进步的目标和方向。

（三）探寻客观规律的理论基础

马克思主义理论中最吸引人的，是其具有普遍适用性的一般原理。正如黑格尔辩证法中存在着"合理内核"、费尔巴哈唯物主义中存在着"基本内核"，马克思主义中既存在着"合理内核"，又存在着"基本内核"。其中，马克思主义正确的具体论断是其"合理内核"，马克思主义揭示出的一般原理是其"基本内核"。马克思主义的一般原理来自马克思对社会历史问题的整体性的思考，"马克思把历史学引入国民经济学，又把国民经济学引入历史学；他在国民经济学的研究中创立了历史观，在历史的研究中创立了唯物论，并把这两门知识结合为一个有机的整体"[①]，这个整体性的学说阐明了人类社会发展的基本规律，揭示了资本主义社会的起源、发展和人类社会发展的趋势。

[①]　［美］菲利普·丰纳：《马克思逝世之际——1883年世界对他的评论》，王兴斌译，北京：北京出版社1983年版，第127页。

马克思主义基本原理是对马克思主义立场、观点、方法和科学论断的集中概括。马克思主义基本原理具有明确的结论性，是在马克思主义形成、发展和运用过程中确立起来的成熟的、具有适用性的论断，是经过实践反复检验、具有普遍真理性的观点。马克思主义基本原理既反映了马克思主义的根本性质，也体现了其整体特征，是马克思主义理论体系中具有标志性的理论成果。相对于特定历史条件下所作的个别理论判断和具体结论，马克思主义基本原理具有普遍的、根本的和长远的指导意义。

首先，马克思主义基本原理体现为马克思主义的基本立场。无产阶级是现代社会先进生产力的代表，是社会实践和人类解放的现实力量，这是马克思主义观察、分析和解决问题的根本立足点和出发点。马克思主义以无产阶级的解放和全人类的解放为己任，以人的自由全面发展为美好目标。马克思主义认为人民群众是历史的主体，人民群众是推动历史前进的根本动力，这是一种人民至上的历史观。马克思主义是代表绝大多数人民的利益的。因此，在马克思主义指导下成立起来的无产阶级政党，始终坚持以人民为中心，一切为了人民，一切依靠人民。

其次，马克思主义基本原理体现为马克思主义的基本观点，即其关于自然、社会和人类思维发展一般规律的科学认识以及对人类思想成果和社会实践经验的科学总结。这些基本观点包括以下几方面。

一是关于客观世界存在方式方面的基本概念，主要有物质的客观实在性、规律的客观性、联系的普遍性、真理的绝对性与相对性、运动的绝对性与静止的相对性、时间与空间等。

二是关于人类社会发展规律方面的基本概念，主要有社会存在与社会意识、生产力与生产关系、经济基础与上层建筑、意识形态、阶级斗争与无产阶级使命、社会革命与改革、世界历史、实现共产主义的必然性、阶级与国家的消灭与共产主义等。

三是关于历史发展的客观认识，主要有"人类社会是一个自然历史的过程"原理、社会发展曲折性理论、"无产阶级的历史使命、阶级斗争和社会革命"的理论、社会存在决定社会意识原理、生产力决定生产关系原理、经济基础决定上层建筑原理、劳动价值理论、剩余价值和再生产理论、资本主义社会生产基本规律、垄断资本主义的发展规律、社会主义代替资本主义的历史必然性、共产主义社会公有制和分配原则理论、消灭三大差别和国家消亡理论、人的全面而自由的发展以及社会的和谐发展理论、"世界历史理论的原理"等。

四是关于事物发展一般规律的基本结论，主要有"世界是普遍联系的、发展的""事物的发展是在一定质的基础上开始量变，进而引导起质变，再到新的量变的螺旋过程""实践是检验真理的唯一标准""社会生活在本质上是实践的""劳动创造了人及人类社会""在现实性上，人是社会关系的总和""社会形态是由低到高更替发展""任何一种生产关系在它所容纳的全部生产力发挥出来之前是决不会灭亡的，任何新的更高的生产关系在它存在的物质条件在旧社会胎胞里成熟之前，是决不会出现的""无产阶级是资本主义的掘墓人""资产阶级的生产关系是社会生产过程的最后一个对抗形式""资本主义必然灭亡，社会主义必然胜利""人民群众是历史的创造者，英雄人物的作用最终要通过群众的创造性活动体现出来""社会主义社会要大力发展生产力"等重要结论。

最后，马克思主义基本原理体现为马克思主义的基本方法，即唯物辩证法。关于唯物辩证方法论的基本概念，主要有原因与结果、必然性与偶然性、可能性与现实性、现象与本质、内容与形式、两点论、重点论等。作为彰显马克思主义独特性和科学性的方法，这些原理主要有"世界统一于物质，并以辩证的方式存在"原理、客观规律性、对立统一规律、"人认识的主观能动性"原理、人类实践的能动性理论、"真理的绝对性与相对性的辩证统一原理"、"必然王国向自由王国的飞跃"等。此外，它还包括人们正确认识世界和改造世界的思想方法和工作方法，主要包括实事求是的方法、辩证分析的方法、社会基本矛盾和主要矛盾分析的方法、历史分析的方法、阶级分析的方法、群众路线的方法等。

二、行动指南：马克思主义的革命观与建设观

用什么理论指导实践，关系到社会主义革命和建设事业的成败。毛泽东同志指出，没有抽象的马克思主义，只有具体的马克思主义。中国革命理论是马克思主义社会革命思想的具体化。马克思主义是引领当代中国实践的行动指南。

马克思主义诞生以来，世界社会主义运动在马克思主义的指导下，改变了历史进程和亿万民众的命运。马克思主义对中国社会产生了无比深刻的影响。中国的革命和建设，彻底改变了中国在世界格局中的地位，在社会主义发展史上超越了任何一次历史变革给当代世界带来的影响。党的十九届六中全会审议通过的《中共中央关于党的百年奋斗重大成就和历史经验的决议》指出："要坚持唯物史观和正确党史观，从党的百年奋斗中看清楚过去我们为什么能够成功、弄明白未来我们怎样才能继续成功，从而更加坚定、更加自觉地践行初心使命，在新时代更好坚持和发展中国特色社会主义。"[①]中国社会主义革命与建设实践，集中体现了马克思主义关于人类社会发展客观规律认识的科学性，充分彰显了中国社会主义革命和建设道路的客观必然

①《中共中央关于党的百年奋斗重大成就和历史经验的决议》，北京：人民出版社2021年版，第62页。

性与实践真理性，其意义将随着历史的发展越来越清晰地得到全新的展示。

（一）马克思主义与中国革命

马克思主义认为，社会主义革命是社会主义建设的前提。落后国家只有实现政治革命取得政权，在政治上使人民取得主人翁地位，才能从根本上激发出社会发展的动力。同时，要在经济制度上进行最广泛的变革，通过社会主义改造确立公有制经济的主体性作用，从根本上为社会生产力发展创造适宜的社会环境，从而积累基本的物质基础。党的百年奋斗史以工农阶级的解放为起点，因而它始终与中国人民的前途命运联系在一起，这一特点使得中国的社会主义建设从一开始就具有最广泛的群众基础和阶级基础。

然而，在一个落后的国家建设社会主义和实现民族振兴，还需要从具体的国情出发。马克思指出："人们自己创造自己的历史，但是他们并不是随心所欲地创造，并不是在他们自己选定的条件下创造，而是在直接碰到的、既定的、从过去承继下来的条件下创造。"[1]各国的社会主义道路是与各国的具体历史条件紧密

---

[1] 《马克思恩格斯文集》第二卷，北京：人民出版社2009年版，第470—471页。

联系在一起的，中国同样不能避免这一规律的约束。

在世界进入帝国主义时代后，中国作为一个落后的农业大国，试图再按照历史的自然进程启动自身的现代化进程是不可能的。不仅是国内情况不允许，西方资本主义国家也不会让中国走上这条道路，发达资本主义国家主导的世界必然要打断落后国家的现代化进程。与俄国社会主义革命不同，中国社会主义革命是在国内商品经济发展程度极端低下、资本主义还没有得到发展的情况下进行的。落后的生产力和腐朽的封建制度，以及来自帝国主义的侵略和压迫，使旧中国积贫积弱、民不聊生。正如毛泽东同志所指出的，"中国人民的贫困和不自由的程度，是世界所少见的"[①]。在这样一种情况下，只有通过先进的政党把人民组织起来，进行最坚决的无产阶级革命，才能从根本上改变中国人民的前途命运，才能使中国被打断的现代化自然进程重新掌握在中国人民自己手里。十月革命一声炮响，给中国送来了马克思列宁主义。中国共产党的诞生，是开天辟地的大事情。中国共产党领导的中国革命，是以马克思主义为指导的。中国革命的胜利，是马克思主义的胜利。

中国的社会主义革命与建设道路，是落后国家中规模最为

---

①　《毛泽东选集》第二卷，北京：人民出版社1991年版，第631页。

宏大、背景极其复杂、影响甚为深远的艰苦探索。从唯物史观来看，中国国内不仅存在着尖锐的阶级矛盾，而且还存在着和国际资产阶级的矛盾。恩格斯指出："现代社会主义力图实现的变革，简言之就是无产阶级战胜资产阶级，以及通过消灭一切阶级差别来建立新的社会组织。"①中国社会主义革命所力图实现的变革，不仅要以无产阶级反对封建主义的胜利为条件，而且要以反对帝国主义为前提，这是中国的社会主义事业得以进行的历史前提。历史发展动力从根本上来自人民群众，没有人民群众的广泛参与，社会主义革命和建设就不可能取得成功。而要广泛发动群众，就需要破除和变革旧的阻碍社会生产力发展的桎梏，变革旧的生产关系，使先进生产关系服务于全体人民的需要。

从上述意义上说，中国社会主义发展史与中国社会主义革命是统一的。中国革命的成功，实现了重要生产资料的全国性集中和共同占有。特别是金融部门的国家占有和土地的集中化使用，使经济发展过程中形成的大量生产剩余被国家和广大劳动者所占有，从而保证了社会积累真正被用于中国经济社会发展的整体和长远需要。

---

① 《马克思恩格斯选集》第三卷，北京：人民出版社2012年版，第323页。

（二）中国特色社会主义与中国共产党的领导

中国社会主义革命和建设，离不开无产阶级政党的领导，中国共产党是领导中国人民进行社会主义现代化建设的核心力量。

社会主义事业必须坚持由共产党来领导，有其历史的客观必然性。与以往一切社会形态的产生和发展不同，社会主义是先有科学理论后有具体实践的。而以往一切社会形态的建立，都是自然的过程和历史自发演进的结果，在某种程度上具有理论上的盲目性。因而，与过去那些社会形态相应的理论，一般都是在社会制度基本确立后才得以形成。只有在马克思主义产生以后，工人阶级运动摆脱了自发性并催生出无产阶级政党，才在历史上第一次产生了理论上的自觉，使自觉地进行社会主义建设成为现实的生动实践。社会主义的这种特征，决定了其发展过程中要始终坚持社会主义道路和方向，始终坚持党的领导。可见，一切社会主义事业都是有领导、有组织、有规划的自觉的行动。脱离开马克思主义政党的领导，没有党用科学的理论教育、掌握和发动群众，社会主义事业不可能胜利。①

将政治因素和思想因素摒弃于历史进程之外，并不是马克思主义的传统。"事实上，在承认政治和思想具有某种相对于经济

---

① 卫兴华：《关于新时代党的领导和经济社会发展的思考》，《前线》2017年第11期，第122—126页。

决定作用而言的自主性上，在承认两者都在历史变迁中发挥了积极的因果作用上，马克思和恩格斯并不存在任何异议。"① 从社会主义发展史的观点看，政治因素对于社会主义制度的确立、巩固和完善，具有决定性的作用。无产阶级政党之所以能够成为社会主义建设的领导力量，根本的原因在于它没有也不主张自己的独立利益，它的利益本身就是人民群众的利益，因而它也从来不会提出区别于工人阶级的独立利益。中国共产党是无产阶级的先锋队，是代表中国人民根本利益、整体利益和长远利益的，是一个全心全意为人民服务的政党。这是中国共产党取得革命胜利的保证，也是其能够领导中国式现代化建设并创造中国奇迹的最深层的原因。习近平总书记指出："中国特色社会主义最本质的特征是中国共产党领导，中国特色社会主义制度的最大优势是中国共产党领导。"② 从政治和经济的关系看，中国共产党领导下的国家政权其政治功能是服务于社会主义的经济基础的，因而必然要服务于最大多数的人民，与广大民众共命运。

中国特色社会主义事业的推进，以坚持党的领导为重要标

---

① ［英］S. H. 里格比：《马克思主义与历史学：一种批判性的研究》，刘东编、吴英译，南京：译林出版社2012年版，第221页。

② 习近平：《决胜全面建成小康社会　夺取新时代中国特色社会主义伟大胜利——在中国共产党第十九次全国代表大会上的报告》，北京：人民出版社2017年版，第20页。

志，这是由党的性质决定的。市场经济在中国之所以能够焕发出前所未有的活力和生命力，一个重要原因在于它是由中国共产党领导，是在社会主义制度前提下运行的。正如习近平总书记指出的："我们是在中国共产党领导和社会主义制度的大前提下发展市场经济，什么时候都不能忘了'社会主义'这个定语。"①许多发展中国家实行市场经济制度，其现代化进程艰难而缓慢，甚至会陷入所谓"中等收入陷阱"而中断。

"中国人民和中华民族之所以能够扭转近代以后的历史命运、取得今天的伟大成就，最根本的是有中国共产党的坚强领导。"②在党的领导下，社会主义政治优势会转换为经济优势，为经济现代化提供坚实的支撑。中国式现代化离不开党的领导，其根本原因在于三个方面。首先，"在世界上所有的政治制度中，大部分政治是经济性的，而大部分经济亦是政治性的"③。在当代社会中，政治和经济的界限并不是绝对的，从社会主义工业化积累过程中就可以明显看出这一特点。进一步说，社会主义国家集中力量办大事的体制更适应现代生产社会化的要求，进而会创造

---

① 中共中央文献研究室：《习近平关于社会主义经济建设论述摘编》，北京：中央文献出版社2017年版，第64页。
② 《中共中央关于党的百年奋斗重大成就和历史经验的决议》，北京：人民出版社2021年版，第65页。
③ ［美］查尔斯·林德布洛姆：《政治与市场：世界的政治—经济制度》，王逸舟译，上海：上海人民出版社、上海三联书店1984年版，第8页。

出更高的劳动生产率，推动经济更快增长。其次，党的领导是坚持和巩固公有制为主体的社会主义经济制度的保证。只有坚持公有制主体地位，贯彻社会主义按劳分配原则才有可能，资本无序和野蛮生长的趋势才能得到遏制，才能从根本上使社会生产的扩大建立在劳动投入增加和技术进步的基础上，使人民生活水平提高和经济增长同步，避免两极分化的产生影响经济社会可持续发展。其三，唯物史观告诉我们，上层建筑既服务于经济基础，也在一定意义上参与经济基础的建构。由于民族国家仍然存在，"国家和其他的公共机构仍然是唯一能够从人的角度进行社会产品分配和满足市场满足不同的人类需要的机构。于是，政治过去和现在都仍然是争取社会改善的斗争的一个必要维度"①。这里的改善，不仅包括国内针对工资提供者和工资供给者之间的关系的调整，更包括国际范围内利益关系的调整。在党的领导下，国家政权可以通过更加公平合理的再分配方式，改善劳动者生活条件，促进共同富裕，同时作为一个国家整体应对和防范国际垄断资本的过多挤压和掠夺。

中国社会主义现代化是中国政治制度优势和经济制度优势相结合的产物。有了中国共产党的领导，特别是由于党在理论层面

---

① ［英］埃里克·霍布斯鲍姆：《如何改变世界：马克思和马克思主义的传奇》，吕增奎译，北京：中央编译出版社2014年版，第381页。

的不断创新，社会主义市场经济体制才得以确立并发挥作用。中国现代化过程中政府和市场的力量是相互促进的，既重视市场在资源配置中的决定性作用，也重视更好发挥政府的宏观调控作用。其中，更好发挥政府作用的政治制度基础就在于坚持中国共产党的领导。由于公有制经济主体地位的确立以及党对经济工作的全面领导，中国经济生活中政府和市场之间的关系已经超越了西方经济学传统理解中的范畴，从而彻底打破了社会主义和市场经济不相容的西方经济学教条，避免了西方现代化模式下经济成果为少数私人大资本集团所谋取的发展陷阱。

（三）中国特色社会主义焕发活力

苏东剧变后，国际共产主义运动一度短暂陷入低潮。马克思主义行不通的谬论开始抬头，一些西方学者甚至叫嚷着"历史的终结"。然而，历史并没有也不会终结，历史还在按照马克思所指明的方向发展。马克思主义在中华大地上焕发出了新的生机和活力。

中国用自己的实践说明了"马克思主义为什么行""中国共产党为什么能""中国特色社会主义为什么好"的问题。习近平总书记指出："一部马克思主义发展史就是马克思、恩格斯以及他们的后继者们不断根据时代、实践、认识发展而发展的历史，是不断吸收人类历史上一切优秀思想文化成果丰富自己的历史。因此，马克思主义能够永葆其美妙之青春，不断探索时代发展提出的新课题、回应人类社会面临的新挑战。"[①]实践证明，马克思主义的命运同中国共产党的命运、中国人民的命运、中华民族的命运紧紧连在一起，马克思主义为中国革命、建设、改革提供了强大的思想武器，使中国这个古老的东方大国创造了人类历史上前所未有的发展奇迹。

中国式现代化的奇迹，是马克思主义在中国具体实践的结果，是马克思主义科学性和真理性得到充分检验的历史展示。中国特色社会主义所取得的前所未有的巨大成就标示着21世纪马克思主义的胜利，"马克思主义中国化时代化不断取得成功，使马克思主义以崭新形象展现在世界上，使世界范围内社会主义和资本主义两种意识形态、两种社会制度的历史演进及其较量发生了有利于社会主义的重大转变"[②]。没有马克思主义科学理论指导下的全党全国人民的艰苦奋斗，中国就不可能在几十年时间内走完西方两百多年才能走完的工业化和现代化过程，也就不可能使社会主义制度的优越性完全得到彰显。

马克思主义以新世界观为基础，以历史唯物主义和辩证唯物主义作为基本的方法论。马克思主义的科学性在于它不仅无情

[①] 习近平：《在纪念马克思诞辰200周年大会上的讲话》，北京：人民出版社2018年版，第9—10页。

[②] 《中共中央关于党的百年奋斗重大成就和历史经验的决议》，北京：人民出版社2021年版，第63—64页。

地批判了资本主义及其意识形态，而且还远远超越了西方近代思想，为人类社会的前进方向指明了道路。在马克思主义看来，资本主义所谓"普适性"的现代化模式是以资本对劳动的支配权和金融资本的国际霸权为特征的，不仅给其国内还给国际上带来了巨大的贫富鸿沟。历史的发展一再证明，资本主义现代化模式的不可持续性，最终会以经济危机的频频发生不断地给社会财富造成巨大的破坏。2008年国际金融和经济危机以来，特别是2020年以来，发达资本主义国家在政治、经济、社会管理和生态应对等方面陷入空前困境。同开放市场经济连在一起的现代资本主义模式已经无法在这种环境下运转了。

中国式现代化的成就彰显了马克思主义的真理性和实践性。回顾中国近代社会的发展史就可以发现，在没有马克思主义科学理论指导之前，中国尽管对所有可能的现代化路径进行了勇敢探索和各种尝试，但最终都失败了。在世界进入资本主义和社会主义两种社会制度最终对决的历史大变局下，中国的几乎所有社会变革方案和现代化进路都被西方列强所打断，中华民族只能在完全融入西方所谓现代性体系的情况下，在成为其外围或附庸时，中国社会的现代化才有可能。这也就意味着西方资本主义国家将占有中国现代化的大部分成果，而中国仅仅只能局部地享有现代化的部分成果。马克思主义为中国解决自身问题提供了科学的理论指导。

马克思主义从人类社会发展的客观事实出发，发现了唯物史观和剩余价值规律，指出了生产资料所有制本质差别这一区分社会主义与资本主义的根本分水岭。马尔库塞提出："历史唯物主义最初在资本主义社会是作为一个普遍存在的唯物主义的宣言而出现。在这一点上，这个唯物主义的原则，是揭露使人受物质生产盲目结构奴役的社会批判工具。"① 就现代化的模式而言，中国是世界上规模最大的起步者。就现代化的性质而言，中国的现代化是世界上最成功的社会主义经济发展模式。中国之所以能够超越西方现代化模式，关键在于坚持了以公有制为主体的社会主义原则。在这样的社会中，劳动者才第一次真正成为社会的主人，从而化为现代化进程的动力源泉。

社会主义中国的现代化方案，是以马克思主义的社会共同占有制思想、共同富裕思想和"人的自由全面发展"思想为基本遵循的。中国共产党领导下的中国式现代化，坚持了"全心全意为人民服务"的宗旨，将能否提高人民生活水平作为最根本的出发点。唯物史观认为，人民是物质生产和先进科学技术的具体承担者和实践者，只有激发人民群众的主动性和创造性，经济增长和社会进步才有可靠的保证。我国坚持了这一基本立场，在经济

① ［美］马尔库塞：《理性和革命——黑格尔和社会理论的兴起》，程志民等译，重庆：重庆出版社1993年版，第55页。

发展中始终将劳动人民当家作主作为立足点，提出了从"以人为本"到"以人民为中心"的核心理念，彰显了人民在历史发展中的主体地位。中国的现代化方案立足马克思主义自然观，强调"保护生态就是保护生产力，改善生态环境就是发展生产力"，提出了习近平生态文明思想，实现了人类文明发展形态的新飞跃。

马克思主义是实践的科学，中国经济取得史无前例的巨大成就，证明了马克思主义在当代社会的生命力。没有马克思主义的指导，中国不可能在很短的时间内打破西方新老自由主义关于经济增长的神话。依据马克思主义的实践观，中国立足生产力发展的实际提出了社会主义初级阶段理论，及时开启了改革开放的征程，通过社会主义市场经济体制激发了经济活力。实践证明，以社会主义革命为前提、以社会主义经济制度的确立为基础、以中国特色社会主义理论体系为指导的中国现代化模式，以前所未有的力量推动了中国走向国家富强和民族复兴的步伐，快速缩小了中西方经济发展水平的差距。从综合国力的比较看，1952年社会主义改造前中国国内生产总值（GDP）仅仅还处于304亿美元的低水平，而美国则高达3677亿美元，中国还不到美国的十分之一。2020年美国GDP总量为20.9万亿美元，而中国GDP第一次突破100万亿元人民币大关，按汇率计算达到14.7万亿美元。经过70多年的快速追赶，中国GDP已经超美国的七成。在习近平新时代中国特色社会主义经济思想的指导下，中国正在向第二个百年奋斗目标迈进，在可见的未来有望成长为世界第一大经济体，使中华民族伟大复兴的梦想变为现实。

（四）中国特色社会主义制度的巨大影响

中国特色社会主义现代化建设进程中保持了社会的长期稳定。在经济快速增长过程中保持社会的长期稳定，显现出社会主义制度的优势。中国式现代化进程打破了所谓的"亨廷顿悖论"，使西方现代化理论的谬误彰显天下。在亨廷顿看来，"现代性孕育着稳定，而现代化过程却滋生着动乱。产生政治秩序混乱的原因不在于缺乏现代性，而在于为实现现代性所进行的努力"[①]。一部西方资本主义国家的发展史，常常伴随着内部斗争史和激烈的阶级斗争史，内部政局的极度不稳定是其发展进程的常态，带动不断的社会动荡。同时，后发国家的崛起还会打破原有的国际经济均衡，导致国家间的尖锐冲突甚至战争。特别是西方发达资本主义国家常常利用后发国家现代化过程的断裂，挑起其内部争斗，以期坐收渔翁得利。相反，中国式现代化进程中的经济快速增长，是在保持社会大局长期稳定、推进国际经济合作的

---

① ［美］塞缪尔·P.亨廷顿：《变化社会中的政治秩序》，王冠华等译，上海：上海人民出版社2008年版，第31页。

前提下取得的。中国经济的崛起避免了内部经济大起大落，也没有走西方对外扩张的老路，堪称世界经济发展史上的奇迹。

中国式现代化打破了西方中心论语境下的现代化理论，颠覆了二百多年来世人对现代化路径的固有认知，即"在现代欧洲发展起来的现代性文化方案和那里出现的基本制度格局，最终将为所有正在现代化的社会及现代社会照单全收"[①]。发达资本主义国家的现代化进程往往伴随着战争、掠夺和扩张，使大量外围国家沦落为其殖民地，单纯地成为其原材料供应地、商品倾销地和经济体系的依附者。与西方发达资本主义国家的路径不同，中国的经济增长奇迹和和平崛起主要是依靠自身的发展实现的。正是由于中国的现代化是在和平的道路上取得的，因此它不会因轻易外来的压力而停滞，更不会为偶然性或意外性因素而打断。从长远看，中国式现代化的进程不仅会推动不发达国家逐步融入平等合作的新型全球化，而且还将带动世界经济更加健康快速发展。

中国式现代化的进程，使世界历史进程发生了有利于社会主义的转变。社会主义初级阶段理论的提出，社会主义市场经济体制的确立和完善，解决了如何发展社会生产力和实现经济快速增长的难题，对"社会主义为什么行"进行了科学的回应，使两

---

① ［以］艾森斯塔特：《反思现代性》，旷新年、王爱松译，北京：生活·读书·新知三联书店2006年版，第6页。

种社会制度竞争中社会主义市场经济体制的优势脱颖而出。亚投行建设、"一带一路"倡议的践行和"人类命运共同体"的理念，使社会主义中国的国际影响不断显现。这种有利于社会主义的重大转变，是当代世界发展中重大的历史事件，必将影响深远。从世界历史进程来看，有利于社会主义的重大转变事件迄今共有三次。一是苏俄十月革命的胜利，它使马克思主义的科学设想变为现实，打破了资本主义发展的历史循环。二是1949年中国新民主主义革命取得最终胜利建立新中国，它使中国从半殖民地半封建社会脱离出来，大大鼓舞了各民族的独立和解放运动，压缩了西方资本主义国家的势力范围。当前中国式现代化的成功是世界社会主义运动的第三次标志性事件，中国的现代化建设是世界上涉及人口规模最大的经济转型，但这种转向绝不是转向西方的现代化模式，而是马克思主义与现代中国国情相结合的宏伟实践。它以中国式现代化的推进充分展示了马克思主义在21世纪的生命力和活力，也标志着西方经济金融霸权和话语霸权衰落的开始。如果说中国革命的成功与国际帮助有关的话，那么改革开放以后中国社会主义改革与建设取得的成就，则是通过完全独立自主的探索取得的成果，是中国对于自身国情进行科学分析和科学应对的结果。中国经济的崛起和中国社会主义市场经济模式的成功，将再次促使西方资本主义势力范围从全球其他地区的退出，在新的历史条件下帮助各国人民自主选择替代资本主义的方案。

中华民族复兴的不可逆转性与中国经济深度融入世界生产体系紧密相关，也与中国发展理念国际影响力的提升有密切关系。民族复兴在某种意义上是通过一个民族在世界的政治、经济和文化地位体现的，作为一个文明古国和社会主义大国，中华民族的复兴最终要体现在其对世界的贡献上。不同于资本主义体系外围国家的开放过程，中国的对外开放是主动性的开放，是在坚持自身核心利益基础上的开放。更重要的是，中国作为社会主义国家，在对外开放过程中并没有步东欧和拉美国家的后尘，始终坚持了社会主义基本经济制度和政治制度，贯彻了马克思主义世界市场思想和中华民族的对外平等合作原则。经过百年奋斗，中国不仅快速改变了面貌，综合国力大幅增强，人民生活水平大幅提高，史无前例地使全体人民摆脱了绝对贫困，全面建成小康社会，而且对世界的贡献日益显现。

中国式现代化是推动世界各国现代化转型的重要力量。当前中国不仅因快速发展之需，让众多的国外企业涌进中国，使大量的国外产品抢占中国市场，而且在"世界工厂"基础上不断强化"中国制造"和"中国智造"，向全世界提供了高性价比的产品，为稳定和提高各国人民的生活水平创造了条件，保持了世界经济在低通胀环境下运行，显现出中国为世界作出的贡献。中国已经成为世界第二经济大国、最大货物进口国、第二大对外直接投资国、最大外汇储备国，最大旅游市场，形成了世界上人口最多的中等收入群体，为中国继续扩大对外开放、让世界各国搭乘中国发展的"快车""便车"提供了坚实基础。这一变化对其他国家和企业的影响，将被中国自主对外开放的战略放大，完整而全面地展示出其对世界的积极影响。中国积极推动对外开放，但始终以自力更生作为发展的立足点和推动经济现代化的重点，这决定了中国现代化发展的内生性模式。由于这一内生现代化模式，中国融入世界的过程在一定意义上已经重塑了经济全球化，"20年前甚至15年前，经济全球化的主要推手是美国等西方国家，今天反而是我们被认为是世界上推动贸易和投资自由化便利化的最大旗手"[1]。可以说，中国的发展，使"全球化"得以重新定义。由于摆脱了"西方中心论"的窠臼，西方国家在经济全球化历史上第一次失去了主动权和话语霸权。

（五）中国特色社会主义文明的探索

社会主义中国的发展深刻影响了世界历史进程，推动了人类进步事业。中国式现代化在推进过程中，拓展了人类文明形态的

---

[1] 习近平:《习近平谈治国理政》第二卷，北京：外文出版社2017年版，第212页。

发展高度并丰富了其内涵。一百年来，"党领导人民成功走出中国式现代化道路，创造了人类文明新形态，拓展了发展中国家走向现代化的途径，给世界上那些既希望加快发展又希望保持自身独立性的国家和民族提供了全新选择"[①]。

对于文明概念的垄断是资本主义制度确立和发展以后才发生的历史事件。唯物史观从来都是将劳动作为社会物质财富的主要源泉，将与劳动联系在一起的文化现象作为文明的核心要素。回顾历史可以看出，中华民族作为勤劳的民族曾经为世界历史发展作出了突出的贡献，创造了灿烂的古代文明。习近平总书记指出："16世纪以前世界上最重要的300项发明和发现中，我国占173项，远远超过同时代的欧洲。我国发展历史上长期处于世界领先地位，我国思想文化、社会制度、经济发展、科学技术以及其他许多方面对周边发挥了重要辐射和引领作用。"尽管中国在近代社会中落伍了，但这种落后并不是中华文明所固有的局限所造成的，更不是中华民族的民族特征导致的。实际上，一旦马克思主义和中华优秀文化相互结合，社会主义中国就必然会在资本主义文明的包围中率先实现突围，为世界社会主义开辟全新的境界。

---

① 《中共中央关于党的百年奋斗重大成就和历史经验的决议》，北京：人民出版社2021年版，第64页。

中国社会主义实践打破了西方中心主义者关于现代文明西方论的神话。在马克斯·韦伯看来，资本主义作为整体性文明只能被西方所固有，与地处东亚的中国无缘。"现代资本主义精神乃至一般而言的现代文明的诸构成部分中的一个成分是在天职观念的基础上对生活进行理性组织。这诞生于基督教禁欲主义的精神。"[1]这种错误的认知，现在无疑已经被中华民族复兴的进程所证伪。中华民族伟大复兴进程的加快，将以马克思主义的理论主张来重新定义现代文明及其思想体系。诚然，中国式现代化在起步时仍然具有外部输入的特征，但它更具有内部演化的特点。单纯从西方现代化的角度对中国社会发展进行阐释是行不通的："那些把源于欧洲经验的马克思主义理论模式直接运用于中国历史的人，要么使得马克思主义的社会经济概念简化为一些不能与中国历史实质产生有机关联的有名无实的范畴，要么虽强调普遍性，却掩盖了中国社会发展中最显著的一些细节。"[2]

中国式现代化使古老的中华文明与马克思主义相结合，创造出一种全新的、与西方文明相竞争的文明形态。这种新文明形态就其属性来说，是具有高度社会主义属性的中华文明。中国特色社会主

---

① ［德］马克斯·韦伯：《新教伦理与资本主义精神》（罗克斯伯里第三版），苏国勋等译，北京：社会科学文献出版社2010年版，第116页。

② ［美］阿里夫·德里克：《革命与历史：中国马克思主义历史学的起源（1919—1937）》，翁贺凯译，南京：江苏人民出版社2018年版，第193页。

义新时期文明形态的形成，彰显了中国对世界无产阶级运动的国际担当和国际义务，无疑会加深世人对资本主义腐朽性的认识，进一步加快资本主义文明的衰落。正如艾杰兹·阿赫麦德在《文化、民族主义和知识分子的作用》中指出的："那些正在从事反帝斗争的人们是不能放弃其民族主义的。他们必须高兴民族主义大旗，有目的地使他们的民族国家发生变革，最终站到帝国主义的对立面。"[①]当社会主义中国处于帝国主义的包围和围堵之时，这种主张多元和谐与公平正义、带有强烈的中华民族基因和社会主义基因的文明形态，必然会给世界走向人类命运共同体的实践增添积极力量。

中国式现代化所开拓出的人类文明新形态，在物质文明、精神文明、政治文明、社会文明和生态文明上均与西方资本主义文明相区别。在物质文明上，它以巩固公有制经济主体地位、实现生产力快速发展和全体人民共同富裕为特点；在精神文明上，它以集体主义、社会主义核心价值观和人的全面解放为价值诉求；在政治文明上，它以保障人民当家作主权利和实现全过程的民主为基础；在社会文明上，它以公平正义、满足人民对更美好生活的需要为目标；在生态文明上，它以习近平生态文明思想为主要

---

① ［美］埃伦·梅克辛斯·伍德、约翰·贝拉米·福斯特主编：《保卫历史：马克思主义与后现代主义》，郝名玮译，北京：社会科学文献出版社2009年版，第65页。

内容，强调人和自然的和谐统一。在国际交往文明上，它主张构建"人类命运共同体"，致力于建设持久和平、普遍安全、共同繁荣、开放包容和清洁美丽的世界。可以说，中国特色社会主义所开创的文明新形态，为其他发展中国家树立了一个具有历史意义的样本，鼓舞和促进了各国人民独立探索本国发展道路的努力。习近平总书记明确指出："当代中国的伟大社会变革，不是简单延续我国历史文化的母版，不是简单套用马克思主义经典作家设想的模板，不是其他国家社会主义实践的再版，也不是国外现代化发展的翻版。"①中华民族的伟大复兴，不仅是对现代文明的再定义，在某种意义上也是对西方发达资本主义国家的一场历史性的审判。

三、凝望未来：马克思主义与人类命运

提到马克思主义，就不能回避"共产主义"这个政治性的概念。邓小平同志指出："马克思主义的另一个名词就是共产主义。"②自从"共产主义"一词产生以来，它从法国开始流行，犹如一个辐射中心，"以一种历史上前所未有的词语流行速度，在

---

① 习近平：《在哲学社会科学工作座谈会上的讲话》，《人民日报》2016年5月19日01版。

② 《邓小平文选》第三卷，北京：人民出版社1993年版，第137页。

整个欧洲大陆扩散"①。可以说，马克思主义的共产主义主张吸引了整整几代人，它与人类的命运息息相关。

在科学技术突飞猛进的今天，马克思关于未来社会的科学设想是否已经过时？在这里，存在着很多相互对立的观点。例如，社会主义在苏东地区的失败，中国改革"一大二公"体制和建立社会主义市场经济体制，是否就是说明了全社会公有制的不可行？在未来社会，商品经济会消亡吗？社会分工、脑力劳动和体力劳动的差别、城乡差别的消失是否有可能？还比如，大数据为经济计划奠定了新技术条件，但有的人说，大数据也无法挽救计划经济，这一说法正确吗？等等。当人们将眼光投向未来时，这些问题显然都是难以回避的。客观地分析，马克思主义关于未来社会的个别论断可能无法实现，但马克思主义关于未来社会的总体设想仍然是科学的结论。

（一）生产资料公有制是必然趋势

生产资料的全社会共同占有，是共产主义社会的基本特征之一，这是从马克思主义关于生产关系一定要适应社会生产力发展的唯物史观得出的必然结论，是从公有制最终要全面取代私有制

---

① James H. Billington: Fire in the Minds of Men: Origins of the Revolutionary Faith. New York: Basic Books, 1980, p.243.

的历史判断出发得出的科学设想。

"共产主义"这一概念，从其诞生之始，就直指社会资源的占有形态和组织形态。根据英国学者柯尔的说法，在最初的语境中，法国人使用"共产主义"概念时包含着"公社"或"共同体"这种作为邻里自治基本单位的社会组织形式的含义。从唯物史观的基本原理来看，公有制作为全新的生产关系，其产生、维持和完善是由社会生产力的发展要求所决定的。

在马克思主义看来，共产主义运动的首要任务是废除私有制。恩格斯指出，马克思"提出了世界各国工人政党都一致用以扼要表述自己的经济改造要求的公式，即：生产资料归社会所有"[①]。他认为，"生产资料的公共占有"是纲领中"应当争取的唯一的主要目标"，"社会主义的任务，不如说仅仅在于把生产资料转交给生产者公共占有"[②]。必须指出，马克思和恩格斯在这里所指出的是共产主义革命的主要任务问题，并不包括共产主义建设的主要内容。正是因为这个原因，马克思和恩格斯在《共产党宣言》里明确指出，共产主义运动要废除私有制，但不是废除一般的私有制，而是要废除资本主义的私有制。之所以强调这一点，恰恰是从历史发展的内在规律和必然趋势出发得出的必然结论。

---

① 《马克思恩格斯文集》第四卷，北京：人民出版社2009年版，第536页。
② 《马克思恩格斯文集》第四卷，北京：人民出版社2009年版，第517页。

　　当然，废除了资本主义私有制，并不意味着无产阶级政党全部任务的最终完成。将人类从事经济活动所必需的生产资料转为全社会共同占有，并不就意味着可以自发地建设好共产主义。换言之，在共产主义社会中，社会公共占有生产资料并不是单纯为了占有而占有，而是为了造福于全体成员和社会生产目的而占有。与以往一切私有制社会相比，共产主义社会中具有决定性意义的是社会生产目的的彻底改变，即社会生产的进行和社会财富的增加将不再服从于私人利益，而是服务于社会共同体或劳动者联合体的共同利益。因此，未来社会的生产是为了所有人的共同富裕而生产。社会生产力的极高发展程度才是最终体现公有制的历史合理性的因素，是共产主义社会中自由人联合体得以存在的基础。可见，脱离生产力发展水平、生产的科学组织和生产成果的共同占有的所有制方面的彻底变革，还不足以成为共产主义建成的标志，在现实中也是难以长久维持并发挥作用的。

　　在马克思主义的语境中，生产关系始终是和生产力联系在一起的。先进的生产力才能产生先进的生产关系。同样，先进的生产关系如果没有先进的生产力来支撑，也无法维持。在追求"一大二公"的时代，我国曾经有过"左"倾的教训，认为只要公有制纯而又纯，社会主义共同富裕的目标就会自发实现，但实践中却带来了相反的效果。由于片面追求公有制而忽视生产力发展要求，给社会主义实践带来了巨大的损害。既然社会主义条件下公有制不能自然而然地保证社会主义基本原则的实现，那么，在共产主义条件下公有制又如何保证共产主义的相关原则实现呢？可见，仅仅有生产关系的先进性，而没有生产力的先进性，共产主义也无法实现。

生产资料公有制成为共产主义的主要特征，是由两个因素决定的。首先，在共产主义社会中实行全社会范围内的公有制的前提在于社会生产力的高度发达，公有制作为共产主义社会性质的决定因素首先是源于生产力标准。马克思主义并不是将空洞的平等、自由、解放等口号当作公有制存在的理论和历史依据。马克思主义与空想社会主义的区别恰恰在于，前者始终是从生产力的解放来看待生产资料公有制的历史必然性，而后者则主要诉诸道德、价值、情感等因素。因此，马克思主义认为共产主义社会是对资本主义社会的扬弃，即共产主义是建立在继承资本主义的物质成果和精神成果的基础上。其次，公有制对私有制的替代，是源于资本主义社会不再能掌控自己的生产力，而一旦实现劳动者与生产资料的直接结合，就可以释放由资本主义所束缚的生产力，使劳动本身得到解放，从而更好地促进生产力的发展。

马克思主义从历史趋势揭示了共产主义社会必将最终实现，但马克思主义从来不认为共产主义社会可以一蹴而就，更不会简单到只有实现生产关系变革就可以进入共产主义社会。当前，我们还处于社会主义初级阶段，而且这一阶段还将持续一段较长的历史时期，原因在于我国当前的生产力发展水平仍然处在较低水平，绝对贫困问题虽然刚刚得到全面解决，但反贫困事业还是进行时，任务仍然艰巨。从劳动生产率方面来看，我国劳动者文化水平大幅提升，工业化、信息化程度迅速提高，劳动效率快速增长，但相比西方资本主义发达国家，我国劳动生产率水平仍较低。从占有劳动成果看，我国人均GDP目前仅有西方发达国家的六分之一到五分之一，差距仍然较大。如果此时仅仅以公有制经济占主导地位，就认为我们已经是进入了共产主义社会，不仅与马克思论述的生产力标准相悖，而且对人们关于共产主义社会远景的憧憬也是一种嘲弄。

从社会生产的角度看，社会主义亦即共产主义社会同资本主义制度具有决定意义的差别在于，"在实行全部生产资料公有制（先是国家的）基础上组织生产"[①]。马克思主义不仅突出强调了实现公有制的必要性，也同样指出了组织生产的重要性。显然，没有劳动就没有劳动成果，从而也就没有人类社会生活。尽管劳动的内容和形式会发生变化，但劳动的重要性对于人类社会来说是永恒不变的。唯物史观强调的主题也在于这一点。即使到了共

---

① 《马克思恩格斯文集》第十卷，北京：人民出版社2009年版，第588页。

产主义，物质资料的生产仍然是人类社会存在和发展的前提和基础。列宁也指出，"共产主义社会就意味着土地、工厂都是公共的，实行共同劳动——这就是共产主义"[①]。在这里，实行生产资料公有制是同劳动联系在一起的，列宁同样强调了实行共同劳动的重要性。实行共同劳动，就需要对社会劳动进行有效的配置和管理。这意味着共产主义不仅要实行公有制，而且对公有制也存在着一个如何管理的问题。

从生产资料和劳动者结合的角度看，共产主义社会与资本主义社会真正的区别在于，在资本主义社会中劳动是以雇佣劳动形式存在的。这种雇佣劳动形式既产生于生产资料的私人占有，也会通过资本积累等各种形式不断强化雇佣劳动制度本身，从而使劳动无论在形式上还是在实际上都日益从属于资本。而在共产主义社会中，由于实行了生产资料公有制，就可以消除雇佣劳动制度，而代之以马克思所说的"自由联合劳动"，从而在未来社会人也将真正地成为"全面发展的个人"。马克思指出，私有制只有在个人得到全面发展的条件下才能消灭，因为现存的交往形式和生产力是全面的，所以只有全面发展的个人才可能占有它们，即才可能使它们变成自己的自由的生活活动。

---

① 《列宁选集》第四卷，北京：人民出版社2012年版，第293页。

当然，未来社会中自由联合劳动采取究竟何种具体形式，马克思本人只是给出了一个猜想和方向，而并没有给出具体的设计方案。这需要随着历史的发展和社会实践的深化，不断地进行探索，随着社会生产的发展不断优化生产资料和劳动者结合的具体形式。不管怎么说，不能认为仅仅由于实行了公有制，自由联合劳动就可以自发形成并达到完善。认为公有制就是终极利器，实行公有制就可以自发地解决共产主义社会中经济基础领域存在的一切问题，显然是不符合历史唯物主义关于社会始终在发展变化的基本原理的。

关于社会共同需要和个人需要的学说，同样也是马克思主义关于未来社会的科学依据。在马克思看来，人们的个人需要始终是与社会需要共同发展的，并且两者有一个不断发展演进的过程。社会需要同时也是一个相对的变量，它具有历史和道德的因素。即使在共产主义社会中，人们的社会需要仍然会发展，仍然会随着社会生产发展而不断变更和提升，并通过生产的发展不断得到更好的满足。此外，共产主义社会与以往一切社会的一个重大区别在于，它不仅仅与传统的私有制彻底决裂，而且还与传统的私有制观念实现了最彻底的决裂，这种观念同样包含着私有制视野下的消费观念革命。在此基础上，人们才能使社会生产不再优先满足部分社会群体的需要，不再满足于私有制条件下追逐利润最大化的私人需要。人们也才能按照社会需要的本来面目，在共同生产的基础上调节社会的共同需要，满足社会的共同需要。

（二）未来社会的生产特征

实行公有制使共产主义具有了不同于以往一切社会的新的内涵。由于在全社会实行生产资料的社会占有制即公有制，共产主义社会中存在着一些不同于其他社会的特征，主要体现在以下几个方面。

其一，商品经济的全面消亡。在共产主义社会，由于全社会的公有制，以往的不同商品所有者间的交换将不再存在，劳动产品所具有的商品性质也会随之消失。马克思指出，"在社会的生产中，货币资本不再存在了。社会把劳动力和生产资料分配给不同的生产部门。生产者也许会得到纸的凭证，以此从社会的消费品储备中，取走一个与他们的劳动时间相当的量。这些凭证不是货币。它们是不流通的"[①]。随着商品经济的消亡，不同部门不同生产单位的生产者之间的竞争也将为竞赛所取代。届时，决定和判断生产者劳动效率的尺度依据将是社会劳动时间的节约，以及劳动资料和劳动对象的集约化使用。在看待商品经济消亡时，现在存在着一种错误的倾向，认为中国特色社会主义已经否定了马克思主义经典作家所

---

① 《马克思恩格斯全集》第四十五卷，北京：人民出版社2003年版，第397页。

论证的产品经济。实际上，当前我国存在着商品经济，是由不发达生产力基础的所有制结构所决定的，这恰恰证明了马克思所阐述的关于商品生产和商品交换的历史唯物主义原理。多种所有制的存在决定了我国在现阶段商品经济存在的合理性，但是在共产主义社会中，单一的所有制将使得劳动产品不再具有商品属性，商品经济也必然消亡。当前，我国比资本主义国家更加注重社会公平，更加注重提供社会公共品，从而也就对"过度商品化"抱有更高的警惕，这正是中国特色社会主义作为共产主义现实实践的具体体现。

其二，迫使人们处于被奴役地位的旧式劳动分工将会消失，不再作为固定化的职业而存在。历史地看，社会分工最初就是和生产力水平低下密切相关的，且和私有制是紧密联系的。正是在这种情况下，才产生了马克思所指出的"奴隶般地服从分工的情形"。在生产力高度发达、私有制消亡的情形下，维持旧的劳动分工体系将是不必要的。当然，由于共产主义社会的社会生产，包括物质生产和精神生产还将存在并有所发展，劳动将仍然存在并起决定性作用，但这种劳动将成为一种自主性的活动，可以随着社会需要、人们年龄和兴趣等多种因素的改变而不断变更，成为人们自愿的选择和主动的付出。

在这里，人们需要对"劳动分工"和"劳动者分工"进行科学的区分。实际上，在全社会共同占有生产资料的情形下，人们的劳动必然是一种自觉劳动，因此不会消失的只能是劳动分工，而非"劳动者分工"即"旧的社会分工"。至于说劳动者职业的"自愿选择"不会与社会生产比例关系所要求的"劳动分工"相吻合，或者说岗位的精细分工直接和工作质量相关会导致分工仍然存在，则显然是一种多余的担心了。这是因为，一方面，未来社会中的"职业"概念本身就是不存在的，所存在的只是"劳动"和"活动"；另一方面，由于生产效率的极度提高，人们在一种职业中短时间的劳动即可以满足社会的基本和合理需要，也就没有必要在整个社会中保持长期和相对稳定的岗位分工。

其三，劳动者的自由全面发展，是共产主义的一个重要特征。在经济学意义上，这种自由主要体现在人们不仅是联合劳动，共同使用生产资料，共同将劳动资料作为对象，实现共同的生产目的，而且体现在人们不再受到物对人的统治和束缚，不再成为人类自身劳动产品的异化物。公有制的实行将极大促进劳动者的平等，从而为劳动者最终趋向自由奠定重要前提，"生产资料的全国性的集中将成为由自由平等的生产者的各联合体所构成的社会的全国性的基础"①。由此，在共产主义社会中，人们的自由个性才能够建立在"他们共同的、社会的生产能力成为从属于

---

① 《马克思恩格斯文集》第三卷，北京：人民出版社2009年版，第233页。

他们的社会财富这一基础上"①。可见，由于生产资料的社会共同占有，共产主义社会在经济内涵上存在着一些全新的特点，体现在劳动者和社会成员层面，主要就是劳动者的平等、自由，以及人的能力的全方位提高和内在创造潜力的充分发掘。这些特点都可以被看作是从属于公有制这一经济特征的。

（三）计划经济仍值得期待

在全社会实行计划经济，是马克思关于未来共产主义社会中生产组织和经济运行方面的科学设想和重要论断。这一设想和论断，既与公有制相关，也具有自身的独特规定性。在共产主义社会中，计划经济的实行与公有制经济的存在，是生产关系不同侧面的规定性，具有完全不同的内容，其理论前提与现实前提也完全不同，两者之间不能简单地画上等号。

其一，计划经济是关于共产主义社会中经济运行模式的科学方案和设想，而公有制是共产主义社会中经济关系本质的科学论断。不同于所有制是经济利益关系的体现，计划经济不涉及利益关系本身，而是涉及对社会生产的配置、组织和调节方式。两者不是同一类型的问题，因而相互间不可替代。公有制经济需要通

---

① 《马克思恩格斯文集》第八卷，北京：人民出版社2009年版，第52页。

过计划经济来运行，但不能够替代计划经济模式本身。同样，共产主义社会中的计划经济是以生产资料的社会占有为前提，但计划本身并不能决定所有制本身的性质，不能决定劳动要素和其他非劳动要素的结合形式问题。

其二，计划经济是建立在预见性基础上的管理方案，是预先调节的经济运行模式，而且是有目的的调节模式。需要明确的是，马克思所设想的计划是总体性设想，是关于社会经济运行和发展的总体计划，而不是事无巨细，将所有社会生活都纳入计划，那样就与共产主义关于人的自由发展相冲突了。早在《共产党宣言》中，马克思的初步设想就是"按照共同的计划增加国家工厂和生产工具，开垦荒地和改良土壤"[①]。可见，共产主义社会中的计划经济，作为管理和调节社会生产与社会需要之间的必要手段，其目的并不在于满足一切需要，也非如"全能的先知"一样安排社会生产，而是使共产主义的公有制发挥效应，尽力促进生产力快速发展。社会生产和社会需要之间在总量上的平衡和结构上的契合，同样需要在社会生产实践过程中动态地加以调节和解决。

其三，未来社会对社会劳动及总体劳动时间的调节仍然存在着必然性，仍然是一种客观规律。共产主义的公有制意味着商品

---

① 《马克思恩格斯选集》第一卷，北京：人民出版社2012年版，第422页。

经济的消亡和价值规律失去其对社会生产的调节作用，但公有制的存在，并不意味着对社会生产过程进行管理和调控失去意义。尽管资本主义生产方式已经被取代，但社会的物质生产仍然是人类社会发展的基础，社会生产的本质仍然是劳动。马克思指出，在未来社会中，"价值决定仍会在下述意义上起支配作用：劳动时间的调节和社会劳动在不同的生产类别之间的分配"①。因此，对于共产主义社会来说，作为价值实体的劳动量将成为计划调节的对象和内容。这也决定了有计划按比例分配社会劳动在社会生产的规律仍然存在着客观性。

其四，公有制可以为有效掌握真实经济信息奠定基础，但不能取代计划经济对待和处理经济信息的方式。固然，在全社会实行公有制下，对劳动时间的计量和劳动产品的计量也需要通过相关信息加以判断、选择和利用，用于经济生活的管理和调节。但信息对于计划经济的重要性要远远超过前者。在计划经济下，对信息的有效掌握是必要的，更重要的是对社会生产过程中信息利用和处理方式。公有制可以保证经济信息的真实，而计划经济才能保证信息处理的准确、科学和高效。如对社会总供给和总需求在总量上和结构上的判断，对生产要素资源和社会劳动的合理配

---

① 《马克思恩格斯文集》第七卷，北京：人民出版社2009年版，第965页。

置，对社会生产过程的控制和组织，等等。计划经济的有效运转，需要全面收集与社会生产和社会需要直接相关的信息，及时处理这些信息，并对这些信息作出有效的反馈。

在马克思的科学设想中，计划经济实质上包含着多重规定性，具有不同的内涵。首先，生产的有计划性和按比例性，是社会健康可持续发展的一个必然规律和根本要求，是未来社会的一个基本特征之一。马克思所设想的计划经济，是在全社会范围内实行的计划调节社会生产的方式。全社会计划调节的必要性，是由整个社会生产服务于共产主义社会的生产目的，即满足全体社会成员的需要所决定的。马克思指出："只有在生产受到社会实际的预定的控制的地方，社会才会在用来生产某种物品的社会劳动时间的数量和要由这种物品来满足的社会需要的规模之间，建立起联系。"[1]在马克思看来，自由人联合体的生产和消费，其特点是体现出集体的理性，即人们可以通过认识规律和运用规律，使生产过程服从于他们共同的控制。需要明确的是，计划这一职能，即使在资本主义社会也是存在的，只是由于私有制的存在，其计划职能仅仅局限于企业内部。而在共产主义的全社会公有制经济中，由于联合起来的劳动者将其劳动作为共同劳动来使用，

---

① 《马克思恩格斯文集》第七卷，北京：人民出版社2009年版，第208页。

计划的职能同样也扩展到全社会范围内，使社会生产按照统一的意志来进行。这种意志不是来源于人们的主观想法和观念，而是建立在社会物质生产的客观规律基础之上的。

其次，有计划按比例规律的本质，是社会总劳动时间的合理分配。马克思指出："要想得到与各种不同的需要量相适应的产品量，就要付出各种不同的和一定量的社会总劳动量。这种按一定比例分配社会劳动的必要性，决不可能被社会生产的一定形式所取消，而可能改变的只是它的表现方式，这是不言而喻的。"[①]在共产主义社会中，尽管劳动不再成为谋生的手段，但劳动仍然是人类社会存在和发展的基础，劳动仍然是社会财富的来源。对社会总劳动时间的分配，要求人们必须对社会生产过程进行有意识的干预和调节，从一个总的、共同的意志出发，对社会生产、交换、消费、分配的环节进行调节。

再次，有计划按比例的规律，是不断提高经济发展质量和劳动生产率的重要保证。在共产主义社会中，生产和消费、产品供给和社会需要之间仍然存在着相互制约的关系，这种关系决定着经济发展的质量，只是这种关系在资本主义制度条件下难以实现。"一切企图对原料生产进行共同的、全面的和有预

---

① 《马克思恩格斯选集》第四卷，北京：人民出版社2012年版，第473页。

见的控制——这种控制整个说来是和资本主义生产的规律根本不相容的，因而始终只是一种善良的愿望，或者只是在面临巨大危险和走投无路时例外采取的一种共同步骤——的想法，都要让位给供求将会互相调节的信仰。"①只有人们主动对劳动资料、劳动对象进行有目的性、预先性的调节，使之按照社会生产的总体比例要求合理投入和配置，才能避免生产资料的浪费，从而避免社会生产的盲目性。

最后，共产主义社会要实现社会财富的快速增长和取得极高的劳动生产率，需要对人类社会和自然界之间的物质交换过程进行合理调节。马克思指出，在未来社会中，"社会化的人，联合起来的生产者，将合理地调节他们和自然之间的物质变换，把它置于他们的共同控制之下，而不让它作为盲目的力量来统治自己；靠消耗最小的力量，在最无愧于和最适于他们的人类本性的条件下来进行这种物质变换"②。在共产主义社会，仍然需要对人类社会与自然界的物质交换过程进行科学的调节，这一客观规律不会因为公有制的存在而改变。因此，计划经济必然成为共产主义社会的内在特征。

只要人类试图用理性掌握世界，计划的思想就永远不会过

---

① 《马克思恩格斯文集》第七卷，北京：人民出版社2009年版，第136页。
② 《马克思恩格斯文集》第七卷，北京：人民出版社2009年版，第928—929页。

时，目前在西方仍然有大量的计划经济的支持者。尽管苏联模式因为采取计划经济而崩溃，但西方左翼学者在设计资本主义的替代方案时，并没有集体倒向市场，一些学者设计的蓝图仍带有传统社会主义的影子。英国著名的马克思主义学者亚历克斯·卡利尼科斯就坚持将计划经济作为社会主义新方案的核心，认为在这种全新的经济协调机制下，资源的分配和利用将是在民主决策程序（以少数服从多数为核心）的基础上集体作出的。①

　　需要指出的，共产主义社会的计划经济是一种全新的经济运行模式，与资本主义国家的计划手段有本质区别，也将大大不同于社会主义条件下曾经采用的计划管理模式。当代资本主义国家的社会总体管理计划，其调节范围尽管涉及科技、教育、社会保障等各方面，调节手段也涵盖社会发展目标、财政支出导向、税收政策和宏观经济总量结构，但其计划调节的本质根本不是调节社会劳动时间在各部门、各领域的分配，更不是致力于社会劳动的节约，而是为了缓和大生产者和小生产者、生产者和消费者等阶级和阶层矛盾。相比而言，当代社会主义国家的计划手段运用得更加合理，计划手段更加科学，计划范围也相对宽泛，从而使社会主义国家能够避免资本主义国家经常遭受到的经济危机。

---

　　① Alex Callinicos: An Anti-Capitalist Manifesto, Cambridge: Polity Press, 2003.

（四）未来社会生产组织变革的必然性

当人们将眼光转向大数据等智能技术时，会对计划经济的可行性充满期待，但也有人会质疑。在这一问题上，需要对大数据等作为技术手段的依据及作用，有充分的和客观的认识。

大数据技术具有双重意义。从社会生产的技术层面看，大数据作为新的生产要素，是新质生产力的重要要素和内容，将构成未来社会中物质生产力的重要基础。从社会生产的组织层面看，它可以被理解为管理手段。从长远来看，大数据技术作为人工智能手段，驻留于数码世界的顶层，对物理世界产生根本性影响。社会生产过程与大数据的深度融合，将使社会生产发生质变，加快数字化、网络化、自动化等人工智能技术对体力劳动和脑力劳动的取代，更快推进生产力发展并为共产主义奠定坚实的基础。大数据所蕴藏的双重要素性质，必将使之在未来社会生产组织中发挥重要作用。

对于计划经济来说，大数据不仅仅可以作为一个重要的工具，还可以成为计划经济赖以运转的基础因素之一。正如市场经济需要价格信号作为社会供需的调节工具一样，计划经济条件下对社会生产的有目的性的调节，同样需要通过调节社会供需关系来调节生产。大数据用于计划调节的本质，是及时、准确、全面反映社会供给和社会需求间的总量和结构关系。由于大数据的快捷性、便利性，它在技术层面完全可以替代市场价格信号，在共产主义社会中发挥出巨大的作用。

以计算机、互联网技术为代表的新科技革命的确与计划经济降低信息成本、获取海量信息的需求相吻合，是否会成为转变经济制度的决定性因素？答案是肯定的。转变经济制度的决定性因素在于新质生产力以算力为基础，可以极大地通过科技因素使机器体系取代人的脑力劳动，从而最大限度提升人的复杂劳动在社会总劳动中的占比。从这一角度看，信息技术下的生产体系取代机器体系主导的生产体系，将是一个必然的历史趋势。进一步说，市场经济制度又是如何形成的呢？除了生产力发展水平决定的分工和协作，交换制度同样发挥重要作用。在商品经济条件下，个人劳动和社会劳动间的矛盾是一个基础性矛盾，决定了价值规律作为商品经济基本规律的必然性，从而也决定了市场经济体制的历史地位。其中的关键问题是，个别劳动即物化在产品中的劳动，实际上是通过迂回过程即与其他商品的交换过程来衡量的。这种关于个别劳动时间的衡量方式，涉及大量信息，是在千千万万次市场交换中自发形成并历史发展的。

在共产主义社会中，劳动者之间的劳动交换将转变为直接交换，社会劳动量的决定，必然需要大量的信息来帮助进行。马克思指出，未来社会中"一个产品中所包含的社会劳动量，可以不必首先采用迂回的途径加以确定；日常的经验就直接显示出这个产品平均需要多少数量的社会劳动"[1]。日常经验常为人诟病，原因在于日常生活中的认知需要在不断的重复中、在大量的计算下和一个较长的时间过程后才能最终形成经验。这时，大数据的作用将充分体现出来。

大数据等技术对于未来社会生产的意义如何估量也不过分。大数据和智能技术，在一定意义上改变的是人类劳动的形态。与传统的体力劳动的替代不同，脑力劳动在劳动形式上被替代是社会生产力突破增长极限的必经之路，也是未来社会中必然的趋势。在马克思看来，在未来社会中，一般智力的发展将是不同于机器体系运用的一次新的重大革命。这种以智力形式呈现出的生产和技术处理能力，必然会要求生产关系进行重大变革，以适应新的生产力组织逻辑，使生产的社会化性质在组织层面得到贯彻。就此而言，单单是大数据的存在，就将使得日常经验的形成和提炼变得更加容易、迅捷和高效。从目前大数据技术和发展趋势看，其多种类、大存量和快速度等，都是建立在日常经济生活经验的基础上的，这将赋予其超强的计划能力，更好地辅助社会管理机关进行资源配置，而不是回到传统的计划经济中去。

---

[1] 《马克思恩格斯选集》第三卷，北京：人民出版社2012年版，第697页。

（五）按需分配不是幻想

在《哥达纲领批判》中，马克思对未来社会的分配方式进行了科学的辨析。他指出，只要劳动还是人们赖以谋生的手段，那么所谓公正的分配其实是不存在的。因此，按劳分配其实还是一种不平等的权利，在历史发展中终将被更合理、更公正的分配模式所取代，取而代之的只能是按需分配。

自从马克思提出"按需分配"思想以来，饱受人们的质疑。什么是按需分配？按需分配能够成立吗？如何达到按需分配？等等。一些质疑者从人性的贪婪角度来论证其不合理，也有一些人从物质生产力发展的极限来论证其不可行，不一而足。人们之所以会囿于这些成见，仅仅是由于他们身处历史之中，用现实的考量取代未来理性之光。正如原始人难以理解氏族公社解体、奴隶主难以理解奴隶占有制度的消失、封建社会臣民认为皇帝宝座会永存一样，他们跳不出自己的历史局限，只能用现实来否定未来。但是，一旦将人类社会发展和生产力的进步结合起来考察，人们就会得出完全不同的结论。

在共产主义社会中，生产力的高度发展和物质财富的极大丰富将使得按需分配成为可能。不仅如此，按需分配还是共产主义社会中唯一合乎逻辑、符合历史正义和最公正合理的个人消费品分配方式。共产主义社会中，既然生产条件的分配不同于以往一切社会，实行全社会的共同占有制，那么生产成果的分配同样也会具有自己独有的特征。从这个意义上说，按需分配同样也是共产主义社会的重要特征。

其一，对物质财富的极大丰富需要作历史唯物主义的理解。这里，对"极大丰富"概念要有正确的理解。"财富"一词本身就表明，它是相对于人的创造能力和消费能力而言的。一方面，人的创造能力的快速提升将使得物质成果从欠缺转变为相对多余，从而体现为富足；另一方面，人们占有物质成果能够充分地满足自己的需求，也使物质财富的数量超出一定的限度，从而体现为"极大"。这两者是理解按需分配的正确出发点。

其二，按需分配不是按欲望分配，而是按社会需要分配。在这里，对于社会需要必须进行正确的解读。即使在共产主义社会中，社会需要也是历史地决定的，由生产力发展水平决定的。共产主义社会中，产品的极大丰富和社会物质财富的极大丰富，并不意味着无限丰富，而是相对于人们的合理需求而言的极大丰富，不存在一部分超出合理需求而另一部分需求难以满足的情况，这是自由人联合体的社会特性所决定的。另一方面，共产主义社会中人们的需求既然是合理需求，就必然意味着它建立在人们与传统的私有制观念决裂的基础上，人们不再用私有的观念来看待对物质财富的占有，而是按照社会共同的需求进行有意识的调节，使需求结构与社会生产结构相统一。在马克思主义看来，所谓人的需求的历史性发展，本质上就表明人的需求的历史局限性。由于人的生命周期不可能无限，人的需求必然也不可能达到无限。同时，所谓需要的高层次和低层次，不过是经济发展的历史性产物，高层次需求对低层次需求的替代也一直在发生，因为低层次需求的被替代是缘于其问题本身的解决。

其三，不能将共产主义社会的按需分配理解为无限分配。在共产主义社会中，个人消费品的分配当然可以满足人们对物质生活的需要，但这种分配不是无限的。即使是历史地看，按需分配也并不是一个空想。在原始共产主义中，根据社会总的需要，对个人消费品分配就存在着按需分配的要求。在无产阶级革命时期中，也曾采取过供给制等按照需要来进行有限分配的做法，这些分配中均存在着按需分配的影子。在共产主义社会建成以后，生产力的高度发展，可为按需分配提供前所未有的物质条件，自然也具有全社会实行的可行性。

其四，马克思在论述共产主义社会时明确指出，新社会"分配的方式会随着社会生产有机体本身的特殊方式和随着生产者的相应的历史发展程度而改变"[①]。并且，未来社会中劳动将不

---

① 《马克思恩格斯文集》第五卷，北京：人民出版社2009年版，第96页。

再作为人们谋生的手段。这是指其不同于共产主义第一阶段的经济特征，也就是共产主义高级阶段的特征。如果在共产主义第一阶段仍然需要按劳分配的话，那么在生产力高度发展的共产主义高级阶段中，不同于按劳分配的将是何种分配方式呢？联系马克思的"自由人联合体"和"全面自由发展的人"的思想，这里的必然结论和最合乎逻辑的结果只能是按需分配。特别是在共产主义高级阶段中，由于劳动不再成为人们谋生的手段，继续实行按劳分配将失去其意义，也丧失其应有的经济基础条件。

本章小结

马克思主义为人类未来指明了方向。马克思主义关于未来社会的科学论断，即在生产资料公有制基础上建立人人平等，以每个人全面而自由的发展为基本原则的科学设想，仍然是当代世界进步发展的先锋潮流和前进方向。马克思主义在中国焕发出的活力，雄辩地证明了马克思主义的生命力和吸引力。马克思主义仍然为资本主义心脏地区的社会主义思想和运动提供指导，各种源于马克思的社会主义思想和运动正不断涌现。在21世纪，马克思主义仍然在场，并且吸引着无数人从中汲取智慧和精神营养。

参考文献

［1］习近平：《决胜全面建成小康社会　夺取新时代中国特色社会主义伟大胜利——在中国共产党第十九次全国代表大会上的报告》，北京：人民出版社2017年版。

［2］习近平：《习近平谈治国理政》第二卷，北京：外文出版社2017年版。

［3］习近平：《在纪念马克思诞辰200周年大会上的讲话》，人民出版社2018年版。

［4］习近平：《在党史学习教育动员大会上的讲话》，北京：人民出版社2021年版。

［5］中共中央文献研究室：《习近平关于社会主义经济建设论述摘编》，北京：中央文献出版社2017年版。

［6］《中共中央关于党的百年奋斗重大成就和历史经验的决议》，北京：人民出版社2021年版。

［7］《马克思恩格斯全集》第三十卷，北京：人民出版社1995年版。

［8］《马克思恩格斯全集》第三十三卷，北京：人民出版社2004年版。

［9］《马克思恩格斯全集》第四十五卷，北京：人民出版社2003年版。

［10］《马克思恩格斯全集》第四十九卷，北京：人民出版社2016年版。

［11］《马克思恩格斯文集》，北京：人民出版社2009年版。

［12］《马克思恩格斯选集》，北京：人民出版社2012年版。

［13］中共中央马克思恩格斯列宁斯大林著作编译局：《回忆马克思》，北京：人民出版社2005年版。

［14］《列宁选集》，北京：人民出版社2012年版。

［15］《列宁全集》第一卷，北京：人民出版社2013年版。

［16］《毛泽东选集》第三卷，北京：人民出版社1991年版。

［17］《毛泽东选集》第四卷，北京：人民出版社1991年版。

［18］《邓小平文选》第三卷，北京：人民出版社1993年版。

［19］［德］弗兰茨·梅林：《马克思传》，樊集译，北京：人民出版社1965年版。

［20］［美］菲利普·丰纳：《马克思逝世之际——1883年世界对他的评论》，王兴斌译，北京：北京出版社1983年版。

［21］［美］戴维·伊斯顿：《政治生活的系统分析》，王浦劬等译，北京：华夏出版社1989年版。

［22］［美］安东尼·奥勒姆：《政治社会学导论——对政治实体的社会剖析》，董云虎、李云龙译，杭州：浙江人民出版社1989年版。